JN026377

旅するように生きてみよう

美容業界の開拓者が社員に語った

未来地図の歩き方

プロローグ

私は経営者です。
もともとは美容師でした。

27歳で独立創業して、
大型のトータルビューティーサロンへと成長させてきました。
さらにライフスタイルビューティーを中心とした
複合的なサービスへと展開していこうと画策。

現在、会社は株式上場に向けて、
2022年秋を目標に進んでいる最中です。

「未来をデザインする」というのが好きで、
遊びでトライアスロンや砂漠マラソンに出たりする、
ちょっと変わった人間です。

基本的にはぐーたらですが、
前を走る人を見つけては追いかけてしまう性格で、
トレイルランニング、砂漠250kmマラソンへと
どんどん深みにハマっていきました。

友達は少ないながらも、
競い合う中で仲間意識が生まれ、輪が広がる。
そんな感じで負荷を楽しんだり、もがいたりしているうちに社員も増え、
ありがたいことに株式上場という目標に向かっているわけです。

性格はたぶん、ゆがんでいますが、今見える景色の、その先を見てみたい、
その熱に感染して人が協力してくれて、事業が成立している気がします。

この本は、そんな私の約10年間の、
社員に向けたメッセージをピックアップして加筆、修正したものです。

その時々の、岸井が経営者として直面した現実と、もがいてきた経緯を
書き記しています。

ノウハウや答えを探している人は、ガッカリするかもしれません。
でも、人生を旅する人には、栄養補助食品くらいになれると嬉しいです。

岸井貞志

第2章 旅のしおり ファンを増やすメソッド

第3章 旅の収穫 影響を受けたヒト・コト

第4章 道なき道 試行錯誤もまた、旅の醍醐味

第5章　片道切符の終着点 理想の未来地図をデザインする

第1章 羅針盤

揺るがない経営哲学

美容の仕事を
もっと誇れるものに

自分で乗り越えてきたことだとか、
成し遂げてきたものだからこそ、
誇れるものであって、
親から単に与えられたものだとか、
実力に関係なく優遇されたことだとしたら、
それは、ちょっと違う。
優越感は感じられるかもしれないけど、
「誇り」じゃない。

困難なことだったり、面倒くさいことから逃げずに
主体的に取り組んできたからこそのものではないだろうか。

古い話だけれど、
創業当初は毎日14時間フルタイムで働き、
スタッフは早上がりもなければ、
有給休暇もなかった。

週一休みで、客単価が5000円以下じゃ、
長い時間働くしかやっていけなかったのだ。

それでも、
美容の仕事をもっと誇れるものにしたいと取り組んできた。

当時は男性客の比率が40%以上で、
土日は床屋か?と思えるような客層。
固定客は7割、別に誰でもいいというお客様が3割もいた。
料金が安かったせいもあるし、
夜9時まで営業して「便利さ」もウリにしていた。

もっとオシャレなお客様をやりたい。
美意識の高い客層にしたいと、
安さ・便利さからの脱皮を図りたかった。

しかしスタッフは、
服装が汚かったり、接客もままならない。
技術の指導をしても、ここで「働いてあげてる」感覚だった。

だから1990年代は、集客よりも美容師を集めるのに苦心した。
苦肉の策として、店の近くに3LDKのマンションを借り、
寮として3人住まわせ、寮費はひとり25000円。
地方出身者にとっては、都合が良かった。

店の名前は知らなくても、住む場所が用意されているならと、
多い時は20人以上が寮に入っていた。
当時は見習いで中卒、16歳で働いている子もいた。
寮なのに、うさぎを飼っていたりとか、
部屋にシンナーの臭いがしたりもした。

働く美容師の意識レベルを上げること、
客層を変えて客単価を引き上げること、
労働時間や有給休暇、社会保険を整えること、
美容師を集めること、
すべてが同時進行だった。

料金の値上げをしつつ、
高い客単価に見合うだけの美容師を育てるのは
緊急の課題で、頭を痛めた。

プロの世界なんだよ、サラリーマンじゃないんだよ。
手早く仕事しろ、綺麗に仕事しろ、
やる気のない顔で仕事してんじゃねぇって、
もうコリゴリ。

多くのスタッフが辞めていった。
店を辞めて寮を出て行く時は、
タイヤの置きみやげ、冷蔵庫、ベッド、大量のゴミまで置いていった。
人が出入りするたびに粗大ゴミを処分する雑務には、
ほとほと嫌気がさした。

寮がなくても、美容師が集まる店にしたい。
安さ・便利さがなくても、お客様が集まる店にしたい。
仕事に誇りの持てる美容師を育てたい。

そうした思いから1999年、
家賃300万円の代官山店の出店へと進み、
のちのちの
「働きがいのある会社（GPTW）」ランキング
へのエントリーにつながっている。

質の高いプロを育成するのと、
待遇を改善する。
この進みは非常に遅く困難な道だ。

2018年2月

1999年 オープン当初の代官山店

労基のおっちゃんが
やって来た

労働基準監督署のおっちゃん（といっても俺より若いが）が来た。
そして、是正勧告書というおみやげを置いていった。

その中身は。

1. 就業規則をちゃんと所轄の労基に届け出なさい。
2. それを、各店の社員がいつでも見られるように掲示しなさい。
3. 定期健康診断を実施しなさい。
4. 残業時間を明記しなさい。
などだ。

後日、是正報告書が送られてきて、書いて送り返せという。
なんとご丁寧なことだ。

労働基準法に従えば、
入社6ヶ月目から10日間の有給休暇を与え、
入社6年6ヶ月目以降は20日間を与えなければならない。
美容業界の多くのサロンは、
そんなことをまともに守っていたら店は成り立たないと思っている。
週40時間の労働時間をクリアするのだって、かなり高いハードルだ。

本当にそうだろうか？
本気で取り組もうとしていないからかもしれない。
そんなことは守れない、守らないことを前提で、
店を作り、人を雇用し、都合の良い発展を考えてはいないか。
みんな守ってないから、ウチも……。
そんな理屈では、美容業界はいつまでも、
法律で定められている労働条件の整備が進まない。

今や「ブラック企業」という呼び名まで生まれるような時代になった。
労務管理が悪いと裁判で会社が負け、
会社の責任が問われる時代に変わってきた。
そう、分かっている。

でも、
労基のおっちゃんに言われたから労働条件を整備する
っていうのはシャクだから、
時短も休日増も、あくまでも社内の ES（従業員満足度）を高めるため、
「働きがいのある会社」ランキングで最上位を狙うために
取り組んでいきたい。

2013 年 2 月

それは、労働？

ローマ時代、
「労働」とは奴隷のすることで、
罰としての意味合いが強かった。

それもあり、
「労働」
という言葉は極力使いたくない。
「人に喜ばれたい」
「人の役に立ちたい」
との思いが先立つ行いは
「労働」とは違う。
そんな勝手な解釈をしている。

実際、仕事ができる人ほど、
「労働」という認識は薄いと思う。

「やりたいこと」と「すべきこと」
の重なりが多く、
理想の未来像がハッキリしているから、
「すべきこと」
にも面白みや楽しみを見出せる。

だから、創意工夫が生まれる。
必然的に抜きん出た存在になる。

結果、その報酬は高い。

2014 年 8 月

おたまじゃくし野郎

デキる人を前にして、
「すっごいですねぇ」「さすがですねぇ」
って言う奴いるでしょ。

相手を気持ち良くすることを目的にしたら、
それほど効果的な言葉はないだろうね。
だけど、どうなんだソレ。
本気でそう思って言っているの?

確かに、「褒める」のは
信頼関係を作ったり、人間関係を円滑にするのには結構役立つ。
でも、本気で
「あんたはすごい」「私はすごくない」
みたいになってしまわなきゃ良いと思う。
デキる人を認める感性と、自分のことを認める自己肯定感が
同時に持てりゃいいのだ。

だけど、デキる人を認めるほどに
「自分なんてまだまだ」
みたいに自己否定感をうわ塗りするような感覚が
一般的に多いような気がする。

とはいえ、女性には少ない。
口では人を褒めて、
本音は私だって負けてないふうの自己肯定感がある。
うまく本音とタテマエの使い分けができる。

一方で男性は、
自分を下にすることが相手への優しさみたいな、
良い人ぶるような、
丸く収めるような感覚があって、どうも気に入らない。

「僕は、手も足も出ませ〜ん」
そんな自己肯定感の低い男性を、
これからは、「おたまじゃくし野郎」と呼んでやりたい。

富士山と高尾山は標高が約6倍も違うけど、
宇宙から見たら、キズほどの違いしかない。
芦ノ湖の湖畔に別荘がある人を金持ちと言うけど、
外国の金持ちは庭に芦ノ湖ほどの湖を持っている。

大きなモノサシで見ればハナクソほどの差を
えらい大きな違いのように捉える、
その感覚がみみっちいのだ。

2015年6月

基準を変える

「キビしいですね」
「難しいですね」

何かというとつい口に出してしまう、それらの言葉が
どうも気になってしょうがない。
おそらく、その反応の仕方が無意識の習慣になってしまっているのだろう。

ジョギングを例に挙げると、
普段20km走っている人にとって10kmはどうってことないが、
5kmも走ってない人にはキビしい、となる。

つまり、難しいかラクかの基準は
意識して作ったものじゃなく、
単に過去の習慣がベースになっているだけ。

しかし人の成長とは、ある意味、基準が変わっていくことである。
できなかったことが、できるに変わる。
難しいが、そうでもないに変わる。

例えば赤ちゃんは未知のものだらけだから、好奇心だらけ。
過去がないから、難しいもキビしいもない。
トライ＆エラーどころか、トライ＆トライ＆トライ。
ゆえに、ものすごい速さで成長する。
一方で大人は、できなかった時の言い訳を用意するなど保険をかける。

面子や体裁を気にする。

だから本当は、できない領域に踏み込みたくない。

安全で間違いのない、自分のできる領域から出たくない。

保守的、つまりは基準を変えたくないのだ。

「キビしいですね」「難しいですね」には

「成長はしたいけど、変化が嫌だ」という深層心理が現れている。

社会を無難に泳いでいるように見えても、

どこかで変化にブレーキをかけている。

リーダーの立場でその感覚は、チーム全体に波及する。

チーム全体のパフォーマンスは、

元を突き詰めると、リーダーの基準の更新にかかっている。

2015 年 7 月

適応か、劣化か

子供の頃から親の言いつけを守り、学校のルールに従う。
社会では人様に迷惑をかけないように、秩序を守る。

それを乱すことは「悪」という価値観で平穏無事に生きるのは、
一般的だし常識的ではある。

だが、誰かに決めてもらいたい側の人でいいのか。

バブルの後、多くの銀行、証券会社が潰れたのは何だったのか?
常識的な社員が職を失い、常識的な会社が消えてなくなった。

常に変化してゆく環境の中では、
それまで正しかったことが実は違っていた、
なんてことが起きてくる。
今までそうやってきたんだから、これからも大丈夫、は通用しない。
環境変化に適応して自ら変革していけない者は淘汰される。

1988年当時、M.SLASHの営業時間は1日12時間で、
年中無休だった。
スタッフには早番・遅番もなく、休日は週1日。
有給休暇と言えるのは、正月三が日と、お盆休みの3日間だけ。

客単価は4000円台。
新卒初任給は12万5千円。
月の一人当たりの生産性はそれでも60万円くらいだったが、
労働時間当たりにすれば、生産性は現在の半分以下だった。

だからこそ、
未来に淘汰されないために
料金を上げることも、
休みを増やすことも、
給料を高くすることも、
様々なリスクをとりながら更新してきた。

朝礼やミーティングの方法、
給料制度に、
昇給・昇格、
福利厚生、
料金や会計方法、
勤務時間、
人の育成、
技術テスト、
マーケティング、
在庫管理、
掃除に至るまで、
あらゆることにおいて、
それまでのやり方が正しいとは限らない。

何かを変えれば、
問題が生じる。
しかし、
変えなければ劣化する。

2016年3月

07

実力次第

「実力次第」って言葉が好き。
なんかワクワクする感じがして。

結果さえ出せば、
年齢、学歴、先輩・後輩といった制約から自由になれる。
上も下も関係ない。
誰もが認める特別な存在になってしまえば
足並みを揃える必要もない。

管理されコントロールされるより、自分で決められる自由がいい。
その代わり、責任も引き受ける。

自由にはさせてほしいけど自己責任をとらなくていいのは
子供のうちだけ。
とはいえ、責任は負いたくないけど自由だけは欲しい
みたいな大人もいる。

そんな大人たちは、だいたい
「実力次第」とは考えないようだ。

都合が悪いのは、自分のせいじゃない。
学校のせい、上司のせい、社会のせい、会社や景気のせいにする。
逆にそういう人が多いおかげで
プロの世界で飛び抜ける人たちが存在する。
自己責任の覚悟を持った人は、腰の入れ方が違う。
自分の実力次第ですべてが変わることを知っているかのよう。
認められないからじゃない、
認めさせる工夫と行動をするのがプロだ。

選ばれてなんぼ、というプロの世界は、
「あなたでなく他の誰かでもかまわない」なんて言われたら負け。
指名され依頼がなけりゃ、次はない。
不満がなければ良いとする仕事じゃ、成り立たない。
自分ならではの、オリジナリティーで勝負する。

仕事のスピード、手際の良さ。
ダントツのクオリティ。
綺麗さ、丁寧さ、スマートさ。
さらには、人の気持ちを扱う技術まで。
完璧と理想を求める探求を
10年、20年、30年と続けるのがプロフェッショナル。

プロフェッショナルにとって仕事とは、
自分を試し、自分が何者であるかを証明するものである。

2017年1月

料理人的思考

人とうまくやっていけるかどうか、なんて
経営者にはそんな発想はない。

同僚や上司との関係なら、そう考えても普通だが、
人を採用したら、もうその時点から
自分に与えられた素材。

その素材を活かせるか、おいしい料理を作れるか
自分の腕にかかっている。

もちろん、いい素材を使えば、
多少腕が悪くても
そこそこ、おいしい料理は作れてしまう。

ただし、どんな人（素材）が来てくれるかは、
現在の自分の器にもよる。

器に合った人（素材）しか手に入らない。
だから文句を言っても、始まらない。

要は、どんな素材でもおいしく調理するには、
自分の腕を磨くしかない。

人は皆、
自分が重要で価値ある存在だと認められたいし、
活かされることを望んでいる。

その思いを満たしつつ、人を活かすのは、
料理人である自分次第。

2017 年 3 月

トータルビューティーサロン への道のり

強いものが生き残るのではない、
環境に適応するものだけが生き残る。

生物界では、
進化・変化に適応しないものはすべて絶滅したか、
絶滅危惧種と呼ばれている。

これは生物界だけのことではなく、
事業をしているものすべてに言える。
たった10年という短い間だけでも、
社会環境はめまぐるしく変化した。

M.SLASHは10年間で、
ヘアサロンからトータルビューティーサロンへ
ポジションを移してきた。

他と違う個性を評価されるには
ドングリの背比べから抜け出す必要があったからだ。

2005年当時のカテゴリーとして、
トータルビューティーサロンは珍しかった。
リスクは大きくても、
まだ競争の少ないところで勝負しようという戦略である。
約10年で、8店舗の閉鎖、移転、拡張をしてきた。

「万人向けの商品、サービスは強い支持は得られない」
との仮説から
ターゲット客層の絞り込みを行ってきた。
その人たちの価値観やニーズに
自分たちを合わせようという順番だ。

他にも、サービスに一貫したテーマを決め、
目指すブランドを決め、
欲しい・作りたい人材を定め、
ヘアデザインのテイストを決めた。

サロンの中心にしたい客層を仮想し、
その人たちのより具体的なイメージ・価値観を言葉にし、
共有するようにした。

彼ら・彼女らは、何に共感し、何を敬遠するか、
何に惹かれて、何を嫌がるか。

その話し合いと試行錯誤は今も続いている。

2017年4月

プロフェッショナルとは

「一事に夢中になれる人」
この定義が気に入った。

ハッキリ言って、
「何時から何時まで働かなければいけない」
といった労働者感覚では
プロフェッショナルになろうなんて、そりゃムリだ。

プロフェッショナルと呼べる人になるには、
何十年も仕事にエネルギーをつぎ込む必要がある。
となると、適性を見極め、得意分野に特化していくことが非常に大事だ。
得意分野なら、いくらやっても疲れず、興味は失わない。

若いうちは何に対して夢中になれるか分からないので、
いっときは強制でやらせてみることも必要だと思う。

これはコーチングで言うところの
「支援」だとか「自主性を重んじるスタイル」とは反する。
特に「誇り」を持てるようなプロを育てようと思えば、
ある程度「強制」は必要。
やらせてみて適性を見定める。

協調好きか競争好きか。
知識型か実践型か。
理論派か感覚派か。
研究者向きか商売向きか。
スペシャリスト系かゼネラリスト系か。
得意分野とそうでないものを見極める。

ただ、強制力を発揮するためには
リーダーへの信頼がなければ、単なるパワハラになる。

そのあたりは結構ギリギリのラインなのだが、
強制と自主、その振り幅と、指導力なんだろうなぁ。

2017 年 5 月

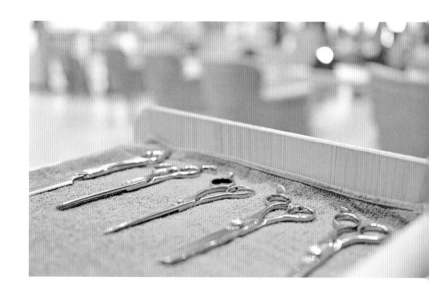

11

時代変化と、
労働環境

倒産の原因にありがちなのが、
「過去の成功体験を引きずる」。
儲かっちゃって、調子づいて拡大して、
店舗拡張して、借金は膨らみ、
そこまでは良い。

時代の風向きが変わっているのに、
それまでのやり方、考え方を変えられず、
うまくいった過去のやり方が逆回転しだす。

そうすると、雪だるまが坂道を転げ落ちるように早い。
銀行も、次の経営の引き受け手が現れそうなうちに守りに入って
貸し出し金を引き上げにかかる。

銀行に見限られたらもう、お手上げだ。
個人資産を持っている経営者は、売れるものは売り払って丸裸になる。

時代の変化を先読みして、打つべき手を先回りして打つことをしないと、
どんな会社も同じ運命を辿る。

働き方改革で政府が旗を振っている背景には、
大手企業で頻発する過労死問題がある。

「コンプライアンス(法令遵守)」という言葉がちまたで囁かれ
「ブラック企業」という言葉が生まれ、
従業員を雇う以上、会社の責任を広く問われるようになった。

人の価値観は幸福を求めることに変わりはないが、
お金と同じように「時間」を
豊かさのモノサシにするようになった。
信用され、尊重され、公正に扱われ、
誇りや人との連帯感を感じられるような
組織に関わっていることに
豊かさを実感できるよう、
まさに「働きがいの中身」が、昔とは変わってきた。

給料が良いことは当然としても、
給料が高いだけじゃその組織に長くはいない。

M.SLASH は、数年前に労働基準監督署のおっちゃんがやって来て、
是正勧告というおみやげを置いていかれた。
嫌々ながらも、それまでなかったタイムカードを入れて、
労務管理をすることになった。

指導通り、月間労働時間を 207 時間
(1 日平均 9 時間、休憩含む) へと改正に取り組んだ。
有給休暇も、労働基準監督署に届け出ている通りに
社員へ付与するよう変更した。

「働きがいのある会社」ランキングにエントリーすることは、
今、現場にいる人たちにとっては
その必要性にピンとこないかもしれない。
労務管理なんて面倒くさいと思うかもしれない。
でも、5 年経った時、採用で多くの応募者の中から
人材を選べる会社になるつもりだ。

休みは休む、働く時間と休む時間のメリハリがあって成長しやすい、
働きがいのある会社との評判になる。
美容業界の業界水準を塗り替える。
新たな働きがいスタンダードを作る。

美容業界に影響を与える、そんな会社にするシナリオです。

2017 年 8 月

人材を選べるように
なるには

「ジャパン ヘアドレッシング アワーズ (JHA)」は
もともとはイギリスが始まりで、
優れた美容師を讃える権威ある賞として
1990 年に日本で発足した。
今では「東京ヘアドレッシング アワーズ (THA)」
など各地方版へと広まっている。

受賞すれば、店も美容師も知名度が上がる。
お客様からの価値を高めるだけでなく、
美容師の採用や教育面、
事業展開においても効果を発揮してきた。
M.SLASH でも力を入れている取り組みのひとつである。

クリエイティブディレクター下村さん、小山さんを筆頭に、
M.SLASH のクリエイティブ面のイメージを作り、
グランプリはまだ獲れていないものの、
毎年のノミネートや受賞で、
M.SLASH を全国区にしてきた。

さらに、
『idea』(下村幸弘作品集)をはじめ、
『スタッフを自己成長させる方法』(河原晴樹著)、
『なぜか、失客しないヘアスタイルの決め方』(小山大輔著)など、
本を出版する展開も生まれた。

しかし昨今、求人は厳しくなりつつあり
少子化の影響下、数少ない求職者の獲得競争の状況だ。

応募者が少ないために人を選べないようでは、
いずれ人材力でサロンの力の差が出るのは間違いない。

人を選べるようになるには、まず
5 年後に就職先を選ぼうとする美容師のタマゴたちから
選ばれるサロンにならなくてはいけない。
というより、
美容師という職業を選ぼうとするような
魅力的な業種にしていかないとならない。

平均労働時間、有給休暇、
平均給料、ワークライフバランス、
求職者は様々な物差しで就職先を比較する。

その中で、
実際に働いている社員への調査をもとに順位づけされる
「働きがいのある会社」ランキングは、
良い会社かどうかを測る大きな指標となる。

プライベートな時間を重視する求職者が年々増えている中、
会社を知る情報源として
その権威はますます上がっていくだろう。

「働きがいのある会社」ランキングは
日本では2007年から始まったものだが、
いずれ業界別に特化したものも出てくるかもしれない。

社会保険もないような会社を就職先として選ばないように
このランキングにエントリーもしていない会社は選ばない
といったふうになりえる。

ランキング上位の7割近くは若いIT企業で、
当然、一人当たりの生産性が高く、給料水準も高い。

美容業は、そうした業種に比べれば
労働集約型であり、生産性も低い。

しかし高い基準に照らして働き方改革を進めていけば、
必ずや選ばれる会社になってゆくはずだ。

2018年2月

13

退場させられる

経営者

「ダメ出し」は、
人を磨くものだと思っていた。

正しいか間違いか、
合格か否か、
優秀か否か。
ダメさを知らしめ、劣等感を与え、
人はそれをバネに伸びてゆくものと。

しかしダメ出しばかりだと、
仲間であり協力者であるはずのスタッフは、
従業員、あるいは労働者という名の
しもべのような扱いに変わってゆく。

経営者は教育のつもりが、
従業員を裁く裁判官に変わってゆく。
お給料をあげているのは俺様だのごとく。

それでもスタッフが辞めないで働いているとしたら、
金のため、生活のためかもしれない。

希望を感じさせたり、支援をしたり、
この人となら未来は明るいと思わせる
「期待」という報酬は忘れ去られ
支払われるのは、お金と要求とダメ出しばかり。

技術を教えてあげているという奢りが、
感謝を打ち消す。

結局は、お金以上に
希望や信頼や支援を与えられない経営者は
スタッフから裁かれ、辞められていき、
覚悟を持って始めた店を撤退するハメになる。

裁判官があまりでかい顔をしすぎると、
劣等感を育ててしまう。

それ以上の自己肯定感を育んでいれば
釣り合いがとれるけれど、
劣等感が重すぎれば、卑屈になる。

劣等感がバネになるのは、
それ相応の自己肯定感を持っている人。

自己肯定感が低く劣等感が強い人は、
自分を過小評価する。

自分の劣等感が他人に見合うよう、
他人も低く見積もる。

劣等感の強い人は、
他人に「イイネ」しない。

劣等感の強い人は、
「あなたのおかげで」とは言わない。

劣等感の強い人は、
常に他人の評価を恐れ、心配する。

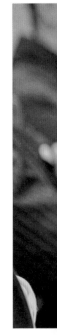

一方で、
自己肯定感の高い人は、
他人の長所を認め、他人を受容できる。

自己肯定感の高い人は、
幸福に見える。

他人の自己肯定感を高められる人になりたい。

2018年2月

14

安心して働く
ということ

「働きがいのある会社」ランキングでの
社内アンケートの中には
「安心して働ける環境がある」
という問いがある。

確かに人はある程度、
状況や環境に依存している部分はあるのだけれど、
どんなに社会制度が整っていようと
どれだけ環境が良くなろうと
精神的な安心を外側に依存している限り
不安はなくならない。

どんなにお金を所有していようと
どれだけ保険に入っていようと
どれだけ立派な家に住んでいようと
どんな肩書きがついていようと
人間の心配事、不安のタネは尽きないのだ。

アフリカで学校にもろくに行けず
裸足で歩き回っている子供の目がキラキラしていて、
全寮制の学校に通い
裕福な家の子供の目が死んでいるとかね。

物質的には豊かなはずの日本でも、
世界的に見て自殺率は低くない。

社会保障制度が整い、
豊かになればなるほど
精神的には不安定になっている現実は
どう説明したらいいのだろう。

心の安定には、
夢を持っている・持っていないの違いもあろう。
没頭し夢中になれる対象があるか・ないかの違いもあろう。
不安を感じるスキマがないほどやるべきことがあるとか、
信じる何か（宗教、神様など）がある・ないも関係するだろう。

人間はいつ死ぬのか、
どんな病気になるのか、
誰にも分からない。

もしも収入がなくなったら
もしも身内や親しい人が亡くなったら
もしも事故や災害に遭ったら
精神的不安は考え出すとキリがない。

未来のことで確実なものは何ひとつないのが現実だ。

会社が与えてくれる精神的安心なんていうものは、
実は限られた小さな要素でしかない。

働きがいを高めるのに
これから整えてゆくべき仕組みや制度がいらない
と言っているのではない。

それはそれで進めてゆくのだが、
会社や国が整えば
精神的安心が得られるのだという
「外部に依存」は、まやかしだと言いたい。

政治家の
　「みんなが安心して暮らせる社会を作ります」と
こんな欺瞞に満ちた言葉を
うっかり信じちゃいけない。

2018 年 4 月

15

未来に期待する
ということ

自分の未来に大いに期待している人を採用したい。
先日、新卒者みんなに聞いてみた。

　「自分の未来に期待している人、手を挙げて」

挙げたのは、半分くらいだった。
なんだかちょっと残念。

自分が自分の未来に期待していない美容師に、
お客様は期待してくれるだろうかね?

期待するって、ある意味リスキーではある。
人に期待をさせるのも、然り。
だって自分の施術を100円で売ったら、そこそこ下手でも
安いから「ありがとう」ってなる。

だけど、1万円で売ろうと思ったら、そうはいかない。
1万円なのに、期待させといてそんなもんなの？
とガッカリさせちゃうことにもなる。

例えば、
　「担当します○○です、
　　　私の最高のシャンプーを味わってください」
ってやったら、プレッシャーかかるね。
大きく出れば期待させちゃうんだから。

それなら、
　「シャンプーさせていただきます」
って低姿勢で新人らしく施術に入った方が、
下手でも、まぁ新人さんだしと大目に見て
　「一生懸命やってくれてありがとう」
と言ってもらえたりする。

それが「リスクテイクする」ってこと。
低姿勢でいれば、リスクは少なくて済む。
期待のハードルが下がるから。

でもそれじゃ、
他の人との違いをアピールすることはできない。
加えて仕事も普通じゃ、誰も選んでくれない。

自分の未来に期待したら、
そうなれなかった時にガッカリするから期待しない？
自分を低く見積もってハードルを下げておく方が、
無難？

でも、
トライしない人、チャレンジしない人って、
誰からも期待されないんと違う?
いつも常識の範囲内で、
安全地帯にいようとするタイプなら、
その他大勢の中に埋もれるよね、
自ら抜きん出ようとしないんだから。
そんな人ばかりだったら、
サロンも会社もあまり成長は期待できないわな。

例えば、
年賀状をいっぱいもらいたいなら
自分が年賀状をいっぱい出すことからでしょ。
プレゼントをたくさんもらいたいなら
たくさんの人にプレゼントをあげる。
たくさんの人から認められたいなら
たくさんの人に関心を持つこと。

当たり前のことだけど、
期待され、人気を得るには、
まず自分が自分に期待をかけて、変化に期待する。
自分からは動かないで、認めてもらって期待されたいなんて、
そりゃ、自分勝手というものだ。

期待するリスクを引き受ける覚悟さえあれば、一歩前に出られる。
埋もれちゃう人、埋もれちゃう店、
埋もれちゃう会社になりたくないからね。

2018 年 5 月

16

ズレや温度差は
あるけれど……

経営者との温度差ね。

もちろん、ある。

夫婦や親子間だって大なり小なりあるわけだから
立ち位置が違えば、
見えるもの・感じるものが違ってくるのが当然だ。

ただ、心の深い部分では、
みんな自分の存在意義や価値を感じたい。
そう思っているのは間違いない。
それを、反社会的行為によって実現させる人もいる。
ま、それはどこかでねじれてしまった一部の人たちとして、
多くは、誰かの何かに役立つことで実現できると知っている。

しかし、自分に都合の良いことが環境に悪いことだったり、
自分に都合の悪いことが社会にとって善であったりすることもある。

借り勘定ばかり多い処し方は、
いずれどこかで破綻してしまうのも、
潰れる会社や自己破産の多くの例が示している。

損得という枠、自分という枠をどれだけ越えて、
より大きな善に向かえるか、
ズレや温度差も、実はチャンスである。

2018 年 10 月

17

学ぶ、の本質

若い男性美容師と技術習得の方法の話をしていて、
こんな質問をされた。

　「岸井さんはそういう講習とか受けに行ったんですか?」
　「いや、あんまり行かないね」
　「じゃあどうやって勉強するんですか?」

いや、ちょっと待って。
「勉強する＝教えてもらう」という図式とは限らないでしょ。
その図式は、学生の時に刷り込まれた感覚が
強く残っちゃっているんじゃないかな。
答えは自分以外の誰かが知っている、みたいな。

よくいるのだ、セミナーへ行って
「勉強になりました」って言うのが。

人の話を聞いただけで勉強になるわけない、極端なこと言えばね。

まずは、自分で問いを持つことから始まるんじゃない？
その答えを自分で出してみる。
間違っているかもしれないけど、仮説として立ててみる。
正しいかどうかは、実証してみる。

それが実学というもので、
スマホで答えを知るより、誰かに教えてもらうより
よほど力がつくんじゃない？

先生の言うことがすべて正しいとは限らないでしょ。
常識だって時代とともにコロコロ変わるし、
実体験の伴わない知識はあまり役立たないよ。
クイズ王になりたいわけじゃないしね。

例えば「セオリー」は、誰かが作ったもの。
もっと言えば、
今に通用するセオリーが未来永劫に通用するとは限らない。
それなら、未来に通用するセオリーを自分が作ったっていいわけだ。
時間がかかるし大変で難しいけれど。
それでも、安直で薄っぺらい答えをただ知っているよりかは深みがある。

間違えたくないなら、人の意見に従っていればいい。
その時々の常識に従っていればいい。
でも、本当の学びっていうのは
失敗したり、間違えたりした経験の量じゃないかな。

2018 年 11 月

18

時には「敗北」も必要だ

「リーダーの資質」というものはある。

どうしてもこれは実現したいとか、
なんとしてもこれは達成したいとか、
自分を突き動かす情熱のようなもの。

それを「私」ではなく、
「私たち」という言葉で語れるなら、
充分リーダーの資質は備えている。

反対に、知識や経験があっても情熱が欠けていたら、
チームメンバーの力を引き出すことは難しい。

個人それぞれの思惑もありながら、
協力して目標達成に向けていくには、
リーダーの情熱が一番の原動力になる。

情熱は身につけるものと違うから
やはり資質といって良いと思う。

やむにやまれぬ思いのような、やり遂げたい志、
リスクにチャレンジしてゆく冒険心、探究心、
未知なる領域に一歩を踏み出す勇気、
見たい未来を引き寄せる磁石のようなものが、情熱だ。
タイプの違う人の力をつなぎ合わせ、

それぞれの得意分野を発揮してもらうのも
リーダーの意志と情熱から始まる。

肩書きも金銭も、知識や才能も、情熱に比べたら力は弱い。
不謹慎かもしれないが
私は仕事をゲームに置き換えることができると考えている。

私の考えるゲームは
勝ち続けることより、負けを含めたもので
1勝9敗かもしれないし、51勝49敗かもしれない。
長くこの仕事に情熱を注ぐには
負けが、明日へのエネルギーにもなる。

確かに、勝つことで自己肯定感が増し、
強く前に進むドライブがかかる。
しかし長いレンジでの発展と成長を考えた場合、
革新や更新の機会になるのは
負けの経験である場合が多いのだ。

自己肯定だけでは更新するタイミングを失うこともある。
そうした意味で
勝つことだけでなく負けを体験することが大事なのだ。

新たなチャレンジには、間違いも失敗もつきもの。
リーダーには、間違いを受け入れる度量と
分からないことは「分からない」と素直に口にできる謙虚さも
資質と言えるのかもしれない。

2018年11月

19

「人間的」という形容詞

仕事では
「生産的」「経済的」「効率的」
という言葉が多く使われるけれど
「人間的」という表現はあまり使われない。
どうしてだろう?

反対語は「機械的」ってことになるのかな?
「人間的」という言葉の背景には、
落ち込んだり、悩んだり、失敗したりという
甘さや弱さみたいな
ニュアンスが含まれるからだろうか。

機械の方が確かに間違いはないし、確実だ。
人間はその点、気分によってばらつきが出たりする。
でも機械は失敗から学ぶこともないし
ひらめきから思わぬアイディアが生まれたり
新しい発見をすることもない。

「人間的」とは、
欠点や間違いはあるけれど、
学んでどんどん進化するところに面白さがあるのだろう。

機械にはない発想の飛躍があったり、
ちょっとした違いから大きな成果を生み出したりするのも
人間ならではである。

どれだけ社屋が立派な会社でも、
どれだけ売上が大きかろうと
人間的な要素を大事にしない会社にはあまり魅力を感じない。

会社は経済的基盤を担うものではあるけれど、
人間的で豊かな生き方を会社が支援する。
その両面を持ち合わせたいものだ。

2019年2月

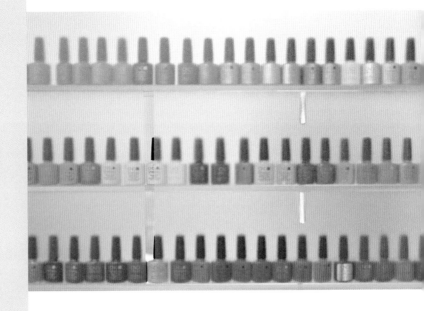

20

会社も

「商品」である

「会社も商品だ」

そう言うと相手に変な顔をされる。
売り買いするものじゃない、みたいな。

でも、死んでまで株主でいられないんだから
誰かに手渡すしかないでしょ。

それに、
ファンドに買われることをいぶかしがられるけれど
1億で買った会社が
2億で売れる可能性がなきゃファンドも買わない。

買われず売られず
流動性があまりに低いことの方が問題である。

人も会社も
市場で値打ちが計られ、
高値で買ってくれるところに行った方が活性化する。

逆に守りに入っているところは、流動性を嫌がる。
閉鎖的で保守的なところは、
水もよどむように質が劣化する。

適度な流動性が、
人も会社もイキイキさせるのだ。

2019年2月

いつでも、

水のように

更新していない店は、どんどん客離れが進む。
新百合ヶ丘の商業施設の中を歩いてみて、そう感じた。

更新していない会社は劣化が進み、
黄色い点滅に気づかず、さびれていく。

今まではうまくいっても、
相手が変わる、状況が変わる、
環境が変わる、時代が変わることにより
今まで通りが通用しなくなる。

更新するチャンスは、
うまくいかない時、
何かが足りない時、
問題を抱えた状況にある。

早いうちに小さな点滅に気づけば、
早めの対処ができる。

負けを認めない粘りと、負けを認める潔さ。
成功の中に育つ衰退の種。
失敗の中に潜む成長の種。
硬さは強さでもあるけれど、弱さにもなる。

すべては表裏一体。

そこに気づける鋭敏さと柔軟さが欲しい。
失敗を恐れず、成功に奢らず
水のように変幻自在でありたい。

2019年5月

22

舵のない船は
どこへ行く?

臨時休業の延長をして、
休業中、特別にお客様を施術した時の喜ばれよう。

感謝されることで、
自分たちの存在意義を改めて感じさせてもらえた。

美容は人にエネルギーを与え、
信頼が力を与えてくれる。

美容師の存在はかけがえのない職業であると、
改めて気づける機会だった。

信頼できる人をみんな求めている。
美容師が不安で自信なさげなら、
みんなの求めに応えられないだろう。

リスクを避けて周りに同調する。
その他大勢の中で良いとする。

こうした感覚で態度を決める人は、
いつもテレビや他人に判断を委ね、
インターネットの検索エンジンで答えを探し、
周りの人の意見に振り回され、
自分の頭で分析しようとせず、
多数派でいることに安心する。

このような人が、時流を創ることはありえない。

舵のない船は、どこへ進んでいくか分からない。
運が良ければ、目標に辿り着くかもしれないが。

他がやってないからウチがやる。
誰もやらないから私がやる。
そうした先駆けのマインドが、
時代を作り、強い組織を作り、人を創る。

強い風当たりを覚悟して立ち向かう姿勢に
信頼を感じるのであり、
人の言うことを聞いて、
優しいフリをしてリスクを避けて、
物陰に隠れて難を逃れ、
保身を第一にするようなタイプの人間を
誰が信用するだろう。

2020年6月

第 2 章　旅のしおり

ファンを増やすメソッド

うっかりミスは
誰にでもあるが……

お客様のお宅まで
責任者が担当者をつれてお詫びに伺った。

玄関先で上司が頭を下げる。
施術担当者にとっては
説教など必要ないくらいショックなはず。

何より、
高いお金を払って信頼を裏切られ、
不快な思いをさせてしまったお客様には
本当に申し訳ない。

スパのセラピストが90分のボディトリートメントを
お客様に施術しながら居眠りしてしまうなんて
信じられないようなことだが、
担当者はお客様が気づいていないだろうとタカをくくり
お詫びすることもせず、
次のお客様の施術に入ってしまった。

お客様は会計をして、
受付にいた別のセラピストにそのことを話した。
その日のうちに責任者からコンタクトをとって
お詫びをすれば良かったのに
それもなかった。

お客様はそのミスについて
サロンの責任者や本部には伝わっているのか疑問を感じ、
店がそのことについて
どのように考えるのかを確認するため
本部へ電話をくださった。

あいにくと岸井が不在だったため、
電話を受けた者が話をお聞きし
サロンの責任者から
折り返しご連絡差し上げることを告げて電話を切った。

すぐに責任者はお客様に連絡をしたが、
その対応がまた良くなかった。
お客様にしてみれば
その程度のこととしか捉えてないのかと感じさせる対応で、
教育や店の方針を疑うのも当然だった。

とかく自分のミスは恥ずかしいことなので
できれば伏せておきたいと意識が働く。
変なプライドがそうさせる。

プロとして仕事にプライドを持つなら
問題やトラブルは悪い情報ほど上司に報告すべきで、
チームがより向上するためのチャンスに変えるべきなのだ。

うっかりミスは誰にでもある。
しかしミスを伏せたり、ごまかしたりするのは絶対に良くない。
ミスそのものよりも、
その後の対応や姿勢に対して不信が生じるから。

クレームには後手に回ってはいけない。

お客様の気持ちを察知して
先回りをしないからクレームが増幅する。

そこまでしてくれなくてもと思われるくらい
迅速に大ごとに扱うから、
お客様の気も収まるのだ。

クレームをきっかけに、
社員教育のこんなチャンスはざらにない。

成長の機会を与えてくださったことに感謝です。

2007 年 9 月

女将のように

ゲストサービスは、
日本旅館の女将みたいな存在になってほしい。
レセプショニストではなくてね。

女将は旅館の顔として、お客様の一番前面にいる存在だ。
旅館全般のサービスに責任を持ち、
料理のこと、部屋の掃除、すべてのスタッフの対応、

お客様に関わるすべてに「自分の責任です」と言える人。
お客様の困った注文には、「私がなんとかしましょう」と言える人。
だから、電話応対やお会計をすることがメインではないの。

どこか、お客様にとって不都合はないか探す人。
耳に聞こえない、お客様の声を聞き出す人。
仕事でつまずいているスタッフに手を差し伸べる人。
スタッフが生き生きと仕事ができるよう支援ができる人。

ゲストサービスが入社1、2年では、
年上の美容師ばかりだと難しいかもしれないけど、
キャリアを積んで自分より若い美容師が増えれば、
どんどん大きな顔ができるようになる。

いや、ゲストサービスにはもっと大きな顔になってほしい。

お客様と美容師の中間的な立場ではなく、
気持ちはめいっぱいお客様側でいいんじゃない。

時にはお客様の代弁者、
時にはお店の顔として、
　「私に任せてください」
と言い切れたらかっこいい。

2012年6月

教育の錯覚

言うことを聞く人を作ろうとするところに、教育の錯覚があって、
本来、教育は人の性能を引き出すことが中心であるはずなのに
教えて、教えて、教える結果、教わる人を作ってしまう。

言って聞かせて、コントロールすることで
コントロールしやすい人にしてしまう。

きっかけを与えることにとどめれば良いのに、
最後まで納得いくまで教えてしまう。

教わる人は、「教えていただきありがとうございました」
とお礼を言わなければならない。

それを強要するような教育は、教える側の自己満足の追求で、

本人が自分から発動するような動機を奪い、
絶えず上の判断を仰ぎ、自分で決めず、考えない人にしてしまう。
その方が制御しやすいためだ。
下の人間の無能を嘆き、自分のことは棚の奥に置いておける。
でもそれでは、創造性や革新性は育たない。
創造と革新は、既存の常識から外れたところから生まれるものだから。

そして生まれた優れた技術やサービスは、
いずれ一般化し、新たな常識となる。

つまり常識は、時と場合によって変わっていくものなのだ。
だからこそ、どんなルールも常識も、常に正しいとは限らない。

大切なのは、その時々、
相手によって自分なりに考えて行動できるかどうか。
そんな人間を育てるには、自分で判断し、
自ら発動した時の間違いを咎めちゃいけない。

と言いながらつい咎めてしまうが、
きっかけだけ作って、後は任せて、責任は持つ。
そのスタンスがベースで時々、押しつけもあり、くらいが良さそう。

2013年2月

現状維持は危ない

例えて言うと、
100円の人材を150円に仕立てる。

それがリーダーの仕事なのに
「人の価値はお金では測れない」とか言っちゃう。

ちょっと待って。
技能の高さは全然違う。
信用性、肩書き、評判、実績、期待度、
いつだってお客様に値踏みされているんだよ。

お金という投票券で投票される。
あなたに1票、ってね。
金額の高さは、期待を裏切らない保険料とも言える。

信用を重んじるところにお金は動き、軽んじるところは淘汰される。
それだけのこと。

所詮、企業といったって
本当はギリギリのところで勝負をかけていて、
信用を演出するために大金をかけていたりする。

蓋を開けてみれば、借金でスレスレの綱渡りをしているのが
ほとんどの会社の実情なのだ。

つまり、ギリギリスレスレの勝負をかけているのが経営者とも言える。
勝って階段を上るか、負けて転げ落ちるか。
現状維持はない。

協力者に恵まれるか、
見放されるか、
常にギャンブル。

一方で、勝負をかけない人もいる。
そのうえ、
現状維持できると勘違いしている。

困ったこと、都合が悪いことが起きると
誰かのせいにして、問題を避ける。

言い訳してごまかすか、
大概は問題を避けたいのが人情だ。

そこで、プライドが問われる。

現状維持を優先する鼻くそのようなプライドなら、
ない方がマシ。

水はほっときゃ蒸発するし、
野菜はカピカピになる。
信用だって劣化する。

会社の信用を作るのは人。
人の信用を裏付けるのが会社。

実は相互に依存し合っていて、
「そこ、私に任せて」って
言ってくれる人が頼みの綱なのだ。

年数が経てば
壁に貼った紙はめくれて黄色くなるし、
人間の旬である賞味期限だってある。

ほっときゃ何でも劣化する。

現状維持はないからこそ、
リスクを負ってでも更新する。

ギリギリの勝負をかける。

だからイキイキと輝くのだ。

2013年4月

信頼の貯金

お客様に「今日は、どうなさいますか?」
なんて聞いちゃいけないって
昔から伝えていたはずなんだけど、
映像で見てみると、結構言っている。

「今日は、どんな感じで?」とか
「どんな感じかイメージをお持ちですか?」とか。

注文を聞くような質問は NG だ。
特に 2 〜 3 回目くらいまではね。

大工さんが

　「壁の色どうします?
　　　天井の高さはどうします?
　　　　屋根の素材はどうします?」

と聞きながら家を建てるみたいでしょ。

最初に「ご注文は?」みたいな質問は、
そもそもアバウトなところから組み立ててしまう危険性があって、

設計のプロならそんな質問はしない。
だいたい美容室のカウンセリングは鏡の前に座る手前から、
洋服や持ち物、仕草やメイクで
どんな好みの傾向か、ある程度分かるわけで
現状の髪型を見れば、
どの程度手間をかける人かも分かる。

体型、骨格、目鼻立ち。
さらに毛量・毛質・毛流を見れば、
困っていることや、
どんな問題があるかも察しがつく。

だから、
それを解決することを優先しなくちゃならない。
現状を確認する質問が「察しの通り」となれば、
信頼の貯金がチャリン。
補正の説明をして、「なるほど」とうなずいてもらえれば、
またチャリンである。

2013 年 5 月

導かれたい
　なんて
　　思わない

職場のコーチングで難しいのは、
部下にとってコーチする上司が
必ずしも信頼できる人とは限らないという点である。

人は信頼できる相手でないと、
通常、相談などしないし、
上司は仲の良い友達ではないので、
本音で心を開くこともない。

言ってみれば、上司・部下の関係とは
建て前の関係であるのが一般的だ。

建て前の関係では、
本音どころか、弱みを見せれば怒られたり、
注意されたりする可能性がある。

それは脅威であるし、
自分への評価を下げるようなバカなマネはしない。

上司の前でのミスや失敗は自分の価値を下げ、
アホ、間抜け扱いされる。

それが自分の立場をさらに弱くしてしまうし、
つけこまれる怖さ、
能なしの評価をくだされる怖さを隠し持っている。

だからこそ、
好きでもない、ましてや嫌いな上司の前で
自分をさらけ出すなんてことはしない。

それに、上司は自分にない
「技術」を持っているから従っているだけで、
人間的に尊敬しているわけではない。

特に下の立場で見れば、
上の人間のアラがよく見える。

信頼も尊敬もできず、
安心もできない脅威の対象である上司に
「導かれたい」などとは思わないのだ。

そんな状態では、コーチングは成立しない。

だから、「メンター」とはどんな存在か、
メンター的な要素をコーチが取り入れるには何が必要か、
まずどんなことをすれば良いか、
どんな視点で人間を見れば良いのか、
まずはそこから学び、身につけることが
コーチングの前提だ。

2014年1月

お客様への
NGワード

鏡の前のカウンセリングで
「今日はカットですね」なんて聞いちゃうのは、やめよう。

そうやって入るから、すぐ「どう切ろう」「どこを切ろう」
なんて発想になるんだ。

ひどいのになると「どのくらい切りますか?」なんて聞いちゃう。

切る前に、どんな印象に見えるかが大事なのに、
印象の確認はそっちのけで、長さや施術の説明ばかり。

もっとひどいのは「パーマなんかはいかがですか?」
なんて、ファストフード店の接客か?と言いたくなる。

予約欄に「cut」と入っていると、
お客様は髪の毛を切りに来ていると勘違いする。
だから「髪の毛」なんて言っちゃう。

だいたい、新規のお客様で
バッサリと変えたいなんてありえないのだから、
ご紹介でもない限り。

初めてのお客様は、美容師の腕とセンスを
試しに来店したと思って間違いない。

それなのに、どこをどう切るか、
から関わっても噛み合うはずがない。

「お悩みはありますか？」とか
「何かイメージをお持ちですか？」と聞くのも変だ。
電話相談室じゃないんだ。

相手が目の前にいて、
素材、条件、ヒントが丸見えの状態で座っているのだから
ノープランで入るのもNG。

よ〜く観察して察知しろよって話。

2014年3月

教育について

　「どうしたら、教育できるんですか?」
それ、方法のことを聞いている?
　「いや、なんか良いやり方があるんじゃないかなって思って」

確かに、スタッフ教育は制度や仕組みによるところもあるとは思う。
だけど、大した勉強も経験もしてないのに
制度や仕組に頼ったところで、タカが知れている。

ハサミの動かし方はこう、姿勢はこうと教えることはできても
有能な人材に育てられるかどうかは分からない。

有能になる人は、やってみちゃう人、言ってみちゃう人、
ダメな奴の烙印を押されるリスクを乗り越えちゃうタイプでしょ。

そうした性質的な部分が重要で、
技能は後から備わるものじゃないかな。

センスか技術かと言えば、
センスが土台で、技術は表面的なもの
という見方は間違っている?

センスはなかなか教えられるものじゃないよね。
なぜなら、正しいか間違っているか、ではなく
好き嫌いの部分だからね。

とはいえ、好き嫌いは伝染する。
長年連れ添っている夫婦は、
食べ物や映画の好みは違っても
何か共感する部分は持っている、みたいな。

ここさえ共感できたら、あとは違ってもいい、
みたいな肝心な部分は似通っていく。

枠にはめようとするのは上下関係の立場にありがちで、
誰も枠にはめてほしいなんて思っていないはずだ。
親からだって理想の押しつけはゴメンなように。

だから、技能や知識を教えるのは「教育」ではなく「教」だけ。
憤り、嘆き、喜び、苦悩、悔しさ、
心に響くのは、そんな感性。

誰かのその感性に触れると、感化される。

教えてやっているみたいな上から目線は、
よほどご立派な人なら別だけど、
フツーに生きてきているフツーな人が教育なんておこがましい。
多少早く生まれたからって、多少技能ができるからって、
教育はできない。
「教育担当です」なんて顔されると困るって。

　「教育はできないけど、感染ならできます」
そういうスタンスでいてくれた方がいいんじゃないかな。

2014年3月

「長さはどうしますか?」

スタッフが、他の美容室に行った時の話をしてくれた。
カットの施術に入る前、カウンセリングの途中で
帰ろうかどうしようか迷ったといういきさつは、こういうことらしい。

まず鏡の前に座らされ、美容師さんにこう聞かれた。
　　「長さは、どうしますか?」

スタッフ「長さは、切っても切らなくてもいいんですが、
　　　　　四角張ってしまうのが気になるんです。
　　　　　襟足が浮いちゃうので、収まるようにしてください。
　　　　　それに私、顔が丸いので、そう見えないようにしてほしい」
美容師　（ちょっと、困ったような顔をして）
　　　　「ここ（髪のサイドを指して）の長さは切りますか、どうしますか?」
スタッフ「そこを切ったら、四角くなりますか?」
美容師　「なります」
スタッフ「じゃあ、切らないでください」

美容師は少し沈黙した後、
ヘアカタログを取りに行きパラパラとページをめくり出した。

沈黙の間がどうも気まずい、話が噛み合っていない。
どうやら、その美容師は
具体的にどこをどのくらい切るのか、お客に決めてほしいようだった。

美容師「こんな感じはどうですか?」
ページの写真を指差した。

美容師は、
お客が注文した通りに「髪を切る」ことが仕事と思っているようだ。
見れば分かる通り、「顔が丸い」「髪型が四角張る」「背が低い」
洋服やメイクだって理解しているはずなのに、
そんな情報はおかまいなしに、
ただ「具体的にハッキリ注文してもらわなければ、困る」
といった表情に読み取れたらしい。

この美容師は、
ヘアカタログでお客が指定した髪型を唯一の注文と捉えている。
条件や人のイメージ、気分に合わせた提案というものは、
持ち合わせていないようだ。

どうにも嫌な気分になっていったという。
結局、カットとヘアカラーの施術を済ませて店を後にしたが、
二度とあの店には行かないと心に決めたという。

話を聞いておかしくて笑ってしまった。
　「どうして、そんな店に行ったの?」

12月で、自分のお店はみんな予約で埋まっていたから
空いている店を探して行った。
そうしたら、失敗だった。

2014年8月

更新するチャンスを
妨げてはいけない

スタッフが「辞めたい」と言った時、
　「良いんじゃない、だけどこういう覚悟はできている?」
くらいに留めた方がいい。

あまりに転ばぬ先の杖ばかりでは、更新もできない。
気に入らない問題があるならば、
それは本人の更新するチャンスでもある。

怒りや不満を味わうのが大切なのだ。
変にお手伝いするのは更新を妨げてしまう。

なんとか引き留めたい、辞められては困るって時も、
相手を変えようなんて思わない方がいい。
うまく辞められるよう支援した方がいい。
辞められる＝こっちが更新するチャンスでもあるのだから。
難しいところだけどね。

自分や自社の魅力が足りていなくて「辞めたい」と言われているわけで、
留まってくれたら、これ幸いだけれど、
もしかすると自社の更新が遅れてしまうかもしれない。

転職するなら早い方がいい。
「石の上にも三年」の時代ではないから
頑張れる職場を探す方がいい。

ただし、不平不満で辞める人は、不平不満でまた辞める。

辞める本人も、どこで更新するかだね。
冷たいかな？
愛情が足りてないかな？

とはいえ、更新するのは自分自身。
人も会社も新陳代謝があることを良いことと捉えよう。

2014年10月

売れるって
どういうこと？

「なんで、ああいうスタイリングにしたの?」
若いスタイリストに聞いた。

　「なんでって言われても……」
少し困っている様子。

　「いや、批判しているわけじゃなくて、理由を聞いているんだ」
　「あの方はヘッドスパを僕が担当していて……」
　「あ、じゃ、カットは君が主担当ではなくて、スタイリングだけ担当したんだ」
　「そうです」
　「普通に話しているから、君のお客様かと思ったよ。
　　でもあのように仕上げをしたのはどうして?」
彼は、この場をなんと答えたら正解なのか、考えあぐねている。

　「仕上げを君が担当している意味をどう考えているかを聞きたい」
　「意味……ですか」
　「そう、せっかく自分が担当しているんだから、
　　あのスタイリングにどう意味を持たせようとしているのかってこと」

　「長く来てくださっているお客様で、以前は○○が担当していて……」
　「そういうことを聞いているんじゃなくて、スタイリングの意味だよ。
　　いつもそうしているから、という理由かな?」
　「そういうわけでもないんですけど、
　　あの方はいつも横を耳にかけていて……」
　「うん、それで?」
　「…………」
　「要するに、誰がやっても似たような髪型に見えたんだ。
　　あのお客様が自分でやっても、あの程度には仕上げるだろうなって」

つまり、自分が担当するからには、
誰かに「今日はなんかいいね」って言われるような
"違い"を作り出そうとしているかってことなの。

例えば、なで肩の男性には丸首のシャツよりも、Vネックの方がいい。
そうした理由やノウハウにプロっぽさがあれば、
アドバイスの価値は高いよね。
それができるよう、工夫を取り入れて仕事をしているかってこと。

ただ作業としてやっているとしたら、君が選ばれる理由はない。
近所だから、値段が手頃だから、が来店理由だとしたら、
美容師としての商品価値はあまり高くはないってこと。

お客様が笑顔で帰って、また来てくれればそれでいいんじゃなくて、
もうちょっと高いところに基準を置こうよ。

人に褒められたかどうか。
振り返られるかどうか。
「昨日美容室に行ったらね」って、誰かに話してくれるかどうか。
その時に君の名前を出すかどうか。

売れるって、そういうことだから。

2014年11月

緊張と弛緩の
切り替え

結構、つま先立ちで立っているんだよね、みんな。
「頑張ります」って言うのが礼儀みたいな感覚でね。

アドレナリンを出している状態じゃなきゃいけないみたいな、
思い込みがあるんじゃないかな。

常に緊張している状態は疲れるよ、瞬発力は出るけどね。
肩の力を抜くことがいい場合だってある。

集中とリラックスが、本当は一番パフォーマンスがいい。
緊張と緩和のスイッチの切り替えが、うまくできるといいんだよね。

「プロはこうあるべき」とか、
「社会人なら普通でしょ」みたいな、
「型にはまれ」ってあるよね。
ストレスはかかるけど、社会ってそういうもの。
その型にハマってみることも大事だ。

だが、それがすべてじゃない。
仮面をかぶってみる、
仮面を演じてみる、
だけど仮面を外すこともできる。

面白ければ、そのままずっと突っ込んでやれるとこまでやればいい。
そうして、違和感を感じたら立ち止まってみる。

正解はひとつじゃない。
遅咲きも早咲きもあれば、
挫折も成功もある。

今は道の途中。
結局は自分が魅力を感じる人のようになってゆくから、大丈夫。

自信には、
やり遂げて得られる自信と、
自分の弱さを受け入れ、開き直った自信と
2 種類ある。

　「こんな私もカワイイ」
そんなふうに自己肯定感を持てたら、無敵だよね。

2014年 11 月

分　限

デザイナーの資質とオーガナイザーの資質はだいたい相反するし、
接客とモノづくり、これも両方得意という人は珍しい。

秩序と創造性、
保守と革新、
楽しませてくれる人と統率する人、
設計図を書く人と現場監督、
俳優と監督。

両方の才能を高い次元で持ち合わせている人もいるけれど、
なかなかマネできるものではない。

周りから抜き出るには、特化していくことが戦略的に正しい。
特化すればエネルギーも集約できるし、スキルを高めるにも効果的だ。

マネできないようなスーパーマンを目指すより
マネできそうな手本、見本があることで
人が育ち、永続性・発展性が保てる。

ただし、専門性を高めれば当然、幅は狭くなる。
総合性に深さがなくなる。

M.SLASHがトータルビューティーサロンとして総合化していく中で、
それぞれの分野で専門性を高めて特化するには、
割り切りと補完が重要。

良い意味で分限をわきまえた相互依存の関係が
チームとして、組織としての強さを生むのだ。

2015年1月

木を見て森を見ず

木を見て森を見ずとは、よく言ったもので、
例えば、病気だけを診て人を見ない医者に
自分の体を安心して任せられるか?ということ。
髪の毛だけを見て人を見ない美容師に対しても同様である。

お客様のカウンセリングに入る前は、
まず相手をよく観察することからがスタート。
身長、骨格、体型、目鼻立ちのパーツ、
当然ながら髪型、爪、指輪、持ち物、服装など、
目に見える情報をヒントに勝手なプランを立てるのだ。
魅力的にするための髪型のイメージプランである。

次に、お客様の今のイメージに対して
「○○っぽい人」「○○的な人」といった言葉を用意する。
さらに、お客様の何を見てそう感じるか、

その理由、裏付けを説明できるようにしておく。

そして、現状からどこをどうすれば
キラキラとした表情に変わるか仮説を立てる。

つまり、プロセスとゴール設定だ。

どんなおみやげを渡せば良いかも、あらかじめ考えておく。
そうした準備をしてから、初めて声をかける。

「はじめまして、○○です」と。

2015 年 12 月

「私に任せてください」

前例のないことはやっちゃいけない?

そんな決まり事はないのに、
人がやっていないことは、やってはいけない?
それはマナー?

決まり事やマナーにあまりこだわらない自分としては、
これで人に注意をされたり、怒られたりは数知れず、
失敗を褒めてくれる人は、まず、いません。

大人になると、みんな保守的、消極的になってしまいやすい。
創造的で、革新的、冒険的、
その姿勢を大事にすれば、マズいこと(失敗)がついてまわる。
イレギュラーな要望に対して、こちらの準備ができていない時

「少々、お待ちください。確認してきます」
の方が確かに安全パイだけど、
無難で、ありきたりの対応は、
あなたでなければならない理由にならない。

「分かりました、私に任せてください。なんとかします」
と答えるのはリスキーだが、
相手にしてみれば嬉しいもの。
ただし、いろんなトラブルや失敗の元にもなりかねない。

とはいえ、失敗がいけないという価値観が最優先されれば、
創造性や積極性は失われてしまう。

仕事の面白さは、創造性の中にこそある。
相手のために、
自分に負荷（失敗やトラブルのリスク）をかけても役立とうとする
その姿勢に価値がある。

完全ではなかったとしても、その姿勢に次への期待をしてくれるのだ。

2016年1月

なぜ
　「ゲストサービス」
　　　　がいるのか

「今日の施術はどうでした?」
って、担当の施術者が直接聞いても言えないよね、普通。
一生懸命やってくれた人を前にして、
　「ん〜、今ひとつかな」なんて。

　「本当は、あそこでやっているあの人に担当してもらいたい」とか
　「ちょっと想像していたのと違った」とか
隠れた気持ちがいっぱいあると思うんだけどね。
まだお客様の少ない担当者ほど自分の手が空いているもんだから、

最後のお見送りまでしたくなっちゃう。
やっぱりルールを作った方がいいね。

ゲストサービスがいる時には、会計はゲストサービスに任せて、
施術者は、もう会計カウンターから去るって。

トータルビューティーサロンでは、
ヘアスタイリスト、ネイリスト、セラピストと、それぞれ施術担当者がいるので、
ゲストサービスという役割は、「お客様の窓口」と言えばいいかな。

フリーの方や新規のお客様は、一生懸命名刺を渡されると
　「次は指名しなくちゃ悪いかな」って実は思われていたり、
　「提案してくれないから」と
飽きているのにずっと同じ髪型に少し不満を持っていたりする。
本当はあの美容師に担当してもらいたいのに、
　「まだ技術テストに合格してないアシスタントです」と言われたりもする。
つまり、客本位ではなく、店本位、美容師本位だったりするのだ。

だけど、
　「岸井さんは客の希望を聞いてくれないから」と
他の美容師に変わった例もあるんだから
　「じゃ、料金半額で店長と交渉してみます」
ぐらい言っても良いんじゃない。

店側、技術者側の都合ではなくて、
お客様の味方になってくれるゲストサービスによって
お店の株もゲストサービスの価値も上がるのだ。

2016年3月

見えないおみやげ

2週間前に出した課題は、
ゲストサービスがお客様にどんなおみやげを渡せたか
事例を持ち寄ることだった。

「さて、誰から?
　じゃ、本牧店のゲストサービス・三井さんから、どうですか?」
三井さんが体験を話し始めた。

先日、サロンの外で、うろうろしている人が目に入った。
気になったので、お声をかけた。

その方はご年配の女性で
まだご来店されたことはなく、
ヘアカラーをしたかったが、料金表もないし
いくらかかるか分からない。

店構えからして高そうだからと、
躊躇していたのだった。

料金を説明すると、
その方が思っていたよりも店の料金が高かった。

　「ご予算は、おいくらぐらいですか？」
三井さんは聞いた。
　「え〜、￥○○○○」
年金でやりくりしていることも教えてくれた。

お誕生日をお伺いしたら、昨日だった。
　「おめでとうございます。
　それでしたら誕生日の月は 20％割引の特典があります」
改めて料金を説明し、担当者を紹介して、施術に入った。

　「昨日が誕生日だったんですね、おめでとうございます」
施術中も声をかけられ、お客様は照れくさそうにされていた。

　「迷っていたところ声をかけてもらい、こんなに良くしてもらって」
と喜んでくださった。
次の予約も入れてくださって、お帰りになった。

機転のきいた個別対応で
“ 見えないおみやげ ” を渡すことができた。

2016 年 6 月

占い師

美容師の行うカウンセリングのスキルについて、
ふたつ仮説を立てている。

まず、カウンセリングは
「プレゼンテーションであるべきだ」
というもの。

カウンセリングは、
従来は相手を理解するため「傾聴」に重きを置いていた。
聞き出して要望に応えるスタイルに安心は感じるかもしれないが、
期待を膨らませるまでは至らない。

どんなイメージを表現するかが
デザインの本質的なゴールであるにもかかわらず、
ディテールだけのやりとりが優先されてしまう
という現状に問題がある。

原因は、
イメージを表現する言葉を
美容師側があまり持っていない、
あるいは使っていないことにある。

なぜなら、
腕で勝負、結果で勝負、技術で勝負
みたいなところにずっと長居してしまっていたからだ。

新しい車や洋服を買う時は、買った後の自分を想像する。
そのワクワクが良い。

しかし、こと美容の施術となると、
そのワクワクの価値をおろそかにしてしまう。

美容師に向かって、
「私はこんなイメージになりたい」
なんて言葉にするお客様は皆無。

タレントが専属美容師に言うのとは訳が違う。
一般的に、美容師はそんなに信頼されていない。

だから、
「具体的な注文を言わなければいけない」
というお客様の先入観があって、
「具体的な注文を聞かなければいけない」
という美容師側の錯覚がある。

プレゼンテーションを聞いて、
その美容師に施術を任せるか、任せないか、
コンペティションのカタチをとれれば、
もっと磨かれると思う。

ふたつ目の仮説は、
そのプレゼンテーションを通すために、
「占い師であるべきだ」というもの。

手相占い師は、
相手の表情や仕草、服装、
持ち物などからも推察する。
深層心理を読み取る術を持っている。

それを伝えることで、
お客様は自分を理解してくれていると錯覚する。

相手がうなずきやすい言葉をかけることで、
お客様は自己肯定感が高まる。

信頼感があれば、
アドバイスがすんなり入ってゆく。

そう人に話をしたら、
　「占い師になれって、ソレはなんか、いかがわしいなぁ」
と言われた。

2017年1月

欲しい人材、
敬遠したい人材

どんな人を採用したいか。
仕事をゲームに置き換えられる人がいい。

人の採用は、言わば「素材の仕入れ」のようなもの。
いい素材を仕入れることは成長発展の重要なカギでもある。

そうした意味で
仕事観、価値観をある程度共有・共感できる人を採用することが
会社、個人双方にとって望ましいし、
ズレが大きいと双方にとって不幸な結果になる。

従業員は、字のごとく「業に従う人員」、
管理され、指示され、教育され、
受け身的で会社の色に染まる従順な人が良いとされた。

しかし縦の序列や秩序などを重んじる組織は、
もはや過去のものになりつつある。

様々な常識が変わりつつある今は、
誰かに従わなくていい代わりに

自らの意志による判断をしなければならず、
自己責任が乗っかってくる。
他人に決めてもらいたい人にとっては、
それが苦痛かもしれない。

自分で決められる面白さと、
他人が決めてくれる気楽さは、相反する価値観だ。

助け合い、協力しながら進める仕事では、
目的、あるいは価値観を共有できる相手でないと
互いに楽しむことは難しい。

私たちは仕事を、目標達成がゴールの、ひとつのゲームだと考えている。
ライバルと競うこともゲーム、
負ければ悔しいけれど、負けは負けで、たくさん学びがある。
次へのモチベーションにもなる。

自分の武器の性能、武器の扱い方、戦略、
勝つ方法は数え切れないほどあって
何を強化するか、反省と学びでバージョンアップしていく。

うまくいかないのはフリー客が少ないからだとか
立地のせいだとか
店が古いからだとか
上司や会社のせいにすることもできる。

だが、それだと本人の性能を上げることは望めない。
自分の性能が上がる面白さは、
汗と時間と熱意と引き換えである。

とかくプライドだけは高く、自らは勝負しない、
そのうえ常識だけは振りかざすような大人を
私たちは敬遠する。

挑まない人にはゲームの面白さは分からない。
つまらない大人にとって
仕事はゲームというより、お金を得るための犠牲。
無難を第一とし、ミスをしないことばかりに心を砕く。

将来の心配、お金の心配、
自分のことしか頭にない先輩を持ってしまったら
それは不幸というよりない。

発展・成長する会社の風土とは、
一人ひとりの当たり前から
醸し出される空気みたいなもの。

私たちの仕事観は、
一般的な会社の常識とはやや異なる。

そんな感覚に馴染める、
共感できる人を採用したいのだ。

2017 年 3 月

クレーム

「お客様をランク分けしているの?」
というクレームの電話で
おそらくは電話を受けたスタッフが
そのことについて適切な説明ができなかったことで、
火に油を注ぐ結果となったと思われる。

事の発端は、
お客様の誕生月にご来店の場合、
ちょっとしたプレゼントを差し上げていて
差し上げないお客様もいれば、
プレゼントの内容に差があったりもする。
その差別のことをおっしゃったのだろう。

実はランク分けと言われれば、その通り。

ご来店１年のお客様と10年以上のお客様とは、
同じひとりのお客様には変わりないが、重要度が違う。

トータルビューティーサロンとしている以上は
複合的な施術を受けてくださるお客様の方が、よりありがたい。
ヘビーユーザーであればあるほど、
それなりの個別対応をすべきだと考える。

その点、複合施術が少なくご来店履歴の浅いお客様と、
ご来店履歴の長いお客様を同等として扱い、
お礼のプレゼントに差をつけないというのは
逆に非礼にあたるのではないか。

そのあたりが上手に説明できなかったことの不手際を
お詫びした次第である。

2017年4月

へっぴり腰で
パンチは効かない

「合っているかどうか分からないんですけど」
って前置きして話し始めるのってどうなのよ?

「僕がこんなこと言っていいのかどうか分かりませんが」
ってのもそうだ。

謙虚は美徳だけど、それは謙虚じゃなくて「へりくだり」。
もっと言えば、自己卑下ね。

間違った時の保険をかけているみたいじゃない。
それだと、へっぴり腰になるの。
へっぴり腰でパンチ出しても全然効かないし、
バット振るんだったら、思いっきり振ってほしいね、ヘルメット落とすくらい。

間違うにしても、堂々と間違ってほしい。
間違った意見でも、自信を持って間違えばいい。

トンチンカンなことも自信を持って言えば、
聞く方はトンチンカンな言葉に妙な説得力を感じる。

間違ってもいい、いや間違った方が面白い。
どうせなら思いきって間違ってもらった方が
話の展開としちゃいいのかもしれない。
慎重にしてレスポンスが悪いよりは、
間違ってもレスポンス良く反応した方が、
活力が生まれるよね。

だからどんどん間違っちゃって。
どうせ、手直し、手直し、手直しの連続なんだから。
1ヶ月で5回手直しするより、30回手直しした方が精度は上がる。

最初から「洗練」なんてないの。
間違った数だけ、洗練されていくのだ。

2017年10月

"わざわざ"

足を運んでもらえる
美容師とは

お客様が、他よりも高いお金を払う価値あり、
と感じてくれるのは、
注文通りやってくれるということだけじゃないはずだ。

プロならではのセンスへの対価として
高いお金を支払ってくれる。

わざわざ1時間かけてまで来てくださるお客様。
わざわざ美容師の出勤日に合わせて来店してくださるお客様に、
　「今日は何センチ切りますか?」
とは聞かない。

その人の生活背景や仕事環境、
着る服の傾向から髪質、骨格、身長、体型、
もちろん好みまでも分かったうえで、
何が適切なのか判断できる。

伸びた分だけ切ってくれれば、誰でもいい。
そういう方たちは、我々の狙いとする客層ではない。

某ヘアカット専門店の10分カットは便利さ、手軽さがウリ。
客層ターゲットとサービスが一致しているから伸びているし
上場企業にもなっている。

しかし我々は便利さをウリにしているわけではない。
ましてや、安さでもない。

雑誌のヘアカタログを使ったカウンセリングなんか
してはダメだと言っている。

お客様と美容師が肩を並べて
ヘアカタログのページをめくっている構図が、
どうも間抜けで安っぽい美容師にしか見えないのだ。

ヘアカタログを見て探すより、よく観察しましょ。
見て触れて確認しようってこと。

お客様が何が嫌なのか、困っているかは、
見て触れて、確認することから始まる。

額のカタチや生えグセ、毛量、
髪が柔らかすぎだったり硬すぎだったり、
膨らみすぎたりペシャンコだったり、
首の長さも、目鼻立ちのバランスもそれぞれ。

どうカバーできるか、
補正の理論からすれば、施術の8割は問題解決なので、
美容師が導くことも可能だ。

機械やコンピュータではどうしてもカバーできない部分、
もっと男前になれそうとか、もっと綺麗になれそうとか、
思わせられるかどうか。
そうした期待感は、さすがはプロと言わせるものである。

美容師の言葉ひとつ、服装ひとつ、
技術やセンスの一つひとつが
対象とするお客様に合っているでしょうか?

2017年12月

ボトムアップが
会社を変えていく

スタッフに改善提案書を書いてもらった。

まだ、書かれたものの一部しか目を通していないが、
こうして一人ひとりが改善提案書を出してくれることで、
経営サイドからは見えなかった課題を
改めて確認できるのが非常にありがたい。

立場、役割の違いによって、
見えているもの、見えてないものが、それぞれにあるのだと、
リアルに感じることができた。

サロンの風土に関するもの、
暗黙のルールや制度に関するもの、
業務規定や給与規定、労務規定など、
内容は多岐にわたり、様々な視点で書かれており
今後、より良いサロン、会社に発展させていくのに、とても参考になる。

100年続く会社、誇りの持てる会社は、
より多くの人の働きがいが土台に。
本社ビルをはじめとした建物や
事業規模といった外面だけが立派であっても、
働きがいなど内面が乏しければ永続することはできない。

習慣、風土、ルール、考え方を
時代や状況に合わせて変えてゆくのが当然で、
スタッフの声、意見を一人ひとりから拾って参考にしていきたい。

働きがいの向上、一人当たり・時間当たりの生産性の向上、
社員満足と顧客満足の向上は全部イコールでつながっている。

こうしたボトムアップが会社を変えていけるのだという風土が、
「働きがいのある会社」の特徴でもある。
だから、どんどん提案書を出してもらいたい。

2018年6月

100年続く会社にするために

美容業界で新たな潮流が生まれている。
投資ファンドなどによる企業買収が増加傾向にあるのだ。

美容室経営が多様化し、
企業化しつつある変化に投資会社が目をつけ
会社そのものを商品化する流れ。
サロンの特徴をビジネスモデルと見て株式上場を視野に入れ、
投資回収を見込んで出資する。

つまり、資本主義ならではの資本の論理が
美容業界に及ぶ時代になったということだ。

こうした環境変化をどう捉えるか。
追い風と見るか、向かい風と見るかで
会社と社員の将来に大きく影響を与えることになるだろう。

投資会社は支援という名のもとに売却は前提。
多額の投資であっても数年で
それ以上の価格で売り抜けさえすれば良く、
長期的なパートナーになり得るものではない。

短期的には美容室を経営する会社の株式を取得して、
うまく売り抜ければ、
その後の株価次第では高い利益を手にできるという算段である。

働きがいのある良い会社を作る＝成長性があるから、
その会社の株式を買っても、損をしないどころか出資したお金が膨らむ、
つまり投資価値のある会社だと評価されることになる。

そこで現在、M.SLASH では
社員でありながら株主にもなるという
自社株を買える流れを推し進めている。
現に、取締役の多くはすでに自社の株を持つ株主だ。

銀行に預けるよりはリスクはあるものの、
自分自身の会社への関わりが将来の株価に影響するわけだから
必然的に仕事のやる気も高まるというもの。

100 年続く会社にするための、これも資本政策のひとつである。

2018 年 6 月

「従業員」ではなく
「商売人」に

「M.SLASH 本牧店」で、
ウチのワンコ（バーニーズマウンテンドッグ）の
シャンプーカットをお願いしている。

本牧店はトータルビューティーサロンにカフェを併設しており、
2013年からはドッグトリミングサロンを複合して営業している。

ワンコの体重は50kgと、人間並み。
ふたりがかりで3時間はかかる。
ワンコを待っている間にバックルームで
ヘアスタイリストの高野くんと雑談していたら、
　「岸井さん、髪伸びていますね、切ってあげましょうか？」
と声をかけてくれて、髪を切ってもらった。

3時間後、
会計をすると伝票にはちゃっかり、
ワンコの料金プラス、ヘアカット料金が加算されていた。
それも正規料金で。

親切で切ってくれたと思っていたので思わず吹いてしまった。
なにせ、いつも髪を切ってもらう時は
練習がてらの感じでお金は支払ってなかった。
今回もワンコの料金だけを払うつもりが
ヘアカット料金が加算されていたからだ。
まぁ営業時間だったし、当たり前の話だ。

改めて反省した。

いつも髪を切ってもらう時は、
手の空いている人に、
空いている時間にやってもらっていた。

若い人の練習がてらの感覚、
習慣がいつしかマヒしてしまっていた。

プロの自覚を持たせたいのに、
従業員扱いしてしまっていた自分の感覚に猛省した。

その数週間後、
若手の他のヘアスタイリストにカットしてもらう時
　「ちゃんとお金を払うからね」
と言って、やってもらった。

にもかかわらず、ヘアカットが終わり、
こんなやりとりがあった。

　「ゴメン、1万円札でいい？」
　「はい、全然いいです、じゃ社員割引で」
　「いいよ、ちゃんと正規料金で」
　「いや、いいです、いいです」

バカヤロ！
金を持っている奴は、
割引してもらったって全然嬉しかないんだよ。

　「はい、それでは岸井さんは特別に"割増し料金"で」
って冗談でも言ってくれた方が、頼もしく嬉しいもんなんだよ。

腰を引いて割引することが逆効果な相手もいるってこと。

特にインフルエンサーは、
安くされることは全然嬉しくない。
それよりも、あなたは重要な顧客だって
感じさせてくれる方が嬉しいの。

インフルエンサーに支持されるには、腰引いちゃダメ。

プロにさせようと思いながら従業員扱いしていた。
従業員じゃなく商売人にさせなきゃならなかった。

2019年4月

「次回予約」は
お客様の都合次第……?

「2ヶ月先のことは分からない」という理由で、
次の予約を入れてもらえない。

2004年に取り組み始めた次回予約は、
当初なかなか思うように進まなかった。
そもそも美容師自体が先の予約を取ることに抵抗があったからだ。

だって重要なことから予定表に書き込むでしょ?
じゃあ、美容室の予約は重要でないってこと?
予約なしでいつでも入れる店は、
お客が少なく、あまり上手でないことを表しているんじゃない?

歯医者さんだって、良いレストランだって、
1週間、1ヶ月先の予約を埋めている。

お客様次第じゃなくて、どんな提案で、
どんなエスコートをするか次第でしょ。

1ヶ月前に予約を受けていれば、
絶対にお待たせするのはタブーだし、
どんな応対・施術をしようか、
あらかじめ準備ができるから、当然良い仕事ができる。

しつこく説得の結果
今では 80％以上が次回予約。
担当者によっては 95％以上の人もいる。

担当者の顧客平均来店サイクルが
50 日の人と 100 日の人とでは
同じ客数でも、1 ヶ月の来店客数は倍になる。

既存のお客様を大事にすればするほど、
新規客やフリーのお客様をあてにする必要もなくなる。

いつも綺麗にしている人が多いのか、
伸びてどうしようもなくなって来店する人が多いのか、
それは、
お客様次第じゃなく担当者次第。

2019 年 9 月

第 3 章　旅 の 収 穫

影 響 を 受 け た ヒ ト ・ コ ト

発電したら?

トライアスロンのトレーニングのため
家の中でハツカネズミのように自転車を漕いでいたら、

娘がひとこと。
　「もったいない、発電すれば」

確かに、この汗を電気にすれば、
ご飯くらい炊けるかもしれない。

1分間に120回転と本には書いてあり、
頑張ってペダルを回すと、
さすがに尻がサドルからポンポンと跳ねる。
トルクより回転でパワーを稼ぐ方が脚が長持ちするらしいのだ。

尻が跳ねないように高回転でペダルを回すのは、意外に難しい。
これをもっとラクにできるよう筋肉に憶えさせないと、
自転車のタイムは縮まらない。

それに、片足漕ぎの練習。
これも、慣れないとカクカクしてうまく回せない。
股関節が固いのか、筋肉が意思に反しているような感じだ。

より合理的かつ効率的な筋肉と関節の使い方は、簡単じゃない。
根性だけじゃ、速くなれない。

やはりスキルなのだ。
地味に繰り返し、練習するしかない。

2010年6月

即戦力か、
カルチャーフィットか

入社して4週間の研修の途中であっても、
やっぱりこの会社に自分は合ってないかもしれないと迷っている人へ、
次の職場を探すことを奨励するなんて。
それも2000ドルをその人へ手渡してまで。

ちょっと衝撃。

「Zappos（アメリカの靴のネット販売会社）」は、なぜそうまでするのか？
たとえ、その人が持っているスキルと職種が合っていても
風土と合わなければ、
その会社で働くことの経験が互いの財産にはならないという考えだ。

仕事ができる人を採用するか、
会社の文化に合う人を採用するかの選択では
多くの場合、即戦力となる人を採用しようとするところ、
Zapposでは、カルチャーフィットする人材を選ぶという。

高収入だけを求め、我慢して仕事をするようなタイプはいらない。
独自の企業文化を理解し、共に育んでくれそうな人を採用する。
合理主義の権化のようなアメリカで、
そんな会社が「働きがいのある会社」ランキング上位であり、
さらに年率100%で成長もしている。

いいなぁ。
1ヶ月分の給料を渡して
　「自分に合う職場を探していいよ」
なんて言ってみたい。

2012年9月

143

海外サロン視察

2000年、
NYでカラーサロンを経営している
ルイスルカーリというヘアカラーリストと会った。
サロンの現場ではエプロンをしていて、
カッコいいおじさんという感じ。

当時、客単価300ドル以上、
1日3〜40名の顧客を担当する。
個人の売上で、月に日本円で2500万円という。
それこそ桁が違った。

営業中は常時5〜6名を担当し、
アシスタントが4人ほどついて、
いたって気楽にお客様と会話をしながら仕事をしているふうだった。

サロンオーナーでもある彼のサロンは、
ヘアカッターよりカラーリストの方が人数が多く、
料金は彼が一番高い金額をチャージしていた。

ルカーリに会い、ヘアカラーリストという職種の将来性を感じ、
カラーリストを増やしていこうと決めた。

2003年のシアトルのサロン視察では、
「ジーンウォレス」というサロンが
トータルビューティーを先駆けて成功していた。

創業30数年。
当時で、7店舗で60億という年商を誇っていた。
中でも一番大きなサロンは
ワンフロアで700坪というとんでもない広さ。
セラピスト、ネイリスト、ヘアスタイリスト、レセプショニスト。
ひとつのサロンで総勢200名が働いていた。

さらに、予約受付は紙ではなくPCで管理。
お客様は帰る時に次の予約を入れるため、
1ヶ月先の予約の7割が埋まる。

トータルビューティーの規模も内容も
日本の現状とはかけ離れていた。

手始めに、
手書きで汚かった予約受付表を PC に変えようと決めた。
次回予約もパクリ。
お客様に次の予約を入れて帰ってもらおう。

美容師の理想像。
サロンの未来像。
会社の未来像。
美容業の将来像。
人としての人物像。

オリジナルのように見えても、
存在のほとんどは別の何かをモデルにして、マネから入っている。
魅力がないのに自分らしさとカッコつけるより、
手本を見つけ素直にマネしてみる。
次の手本、次の手本とマネしていくうち、
オリジナルのように見えてくる。

2012 年 11 月

52

オバちゃんに脱帽

初めて、100kmマラソンに出た時のことだった。
足の痛みに耐えられず、70km地点でギブアップ、
途中でリタイアしてしまった。

送迎バスに乗せられ、ゴール地点に運ばれ、
着替えを済ませてから喫煙所に行った。
そこには浅黒く日焼けをした60代らしきオバちゃんがいて、声をかけた。

「完走したんですか?」
「ええ、だけど13時間切れなかったわ」
(すごい! 俺は途中リタイアしたのに)
「タバコを持っていったんですか?」
「そうよ、途中5本くらい吸ったかな、まずは30km過ぎに1本目で……」

こっちはタバコも吸わず、リタイアしてしまっているのに。
このオバちゃんときたら、途中でタバコを吸いながらも
13時間でゴールしている。

感心して話をしていると、
　「だって、どうせ遊びなんだから……」
とオバちゃん。

ははぁ〜と、そこへひれ伏したいくらい尊敬の念。
「どうせ遊び」と言いつつも、ゴールしてしまう
オバちゃんのかっこ良さに、参ってしまった。

話ぶりからすると、
責任のある、それなりのポジションで仕事をしているふうだった。

きっと彼女は仕事も、その感覚なのだろう。
その遊び感覚で結果を残し、次々とチャレンジしてきたに違いない。

辛さ、苦しさ、難しささえ、
おいしさを引き出すスパイスに変えてしまい
真剣にやるけれども、所詮は遊び。
結果にこだわるけれど、目的はそこではない。
扱い方は知っているけれど、金なんて所詮、紙っぺら。
そんな感性。

ユルさを装いながら、
やることやっちゃえる、
浅黒いオバちゃんに乾杯！

2013年6月

53

北欧の
ハイエンドサロン

ストックホルムの中心地で5サロンを経営している
ヨハン（53歳）の店を見せてもらった。

彼は25年前につぶれかけた店を譲り受け、
そこからスタッフが100名以上の超繁盛店を作った。

スウェーデンでは、美容専門学校を含め
学校はすべて無料で行けるのだけれど、
彼は2004年に有料の美容専門学校を始めた。

彼に言わせると、無料の学校は所詮、無料のものでしかない。
向上心のある有能な人材を育成しようとすれば、
有料の価値ある学校を作る必要があった。
今は、そこから卒業する優秀な人を定期的に採用している。

彼のサロンで働く人の年間の離職率は5%という驚く数値だ。
平均の客単価は1万8000円で、ハイエンドの位置づけになる。

基本的にスタイリストはすべてひとり仕事でまかなうスタイルで、
アシスタントはいないが、専門学生が働いて給料も払っている。
専門学生が言わばアシスタント的な仕事もしているようだ。

卒業すればスタイリストとしてスタートする。
しかも労働環境は良く、朝の9時から早番は5時半で仕事を終える。
週40時間勤務が当たり前になっていて、年間5週間の有給休暇を与え、
初任給で30万円と、日本と比べかなり高い。

それでもヨハンは最近、新店舗をオープンした。
セット面が27席という大型店だ。
良い人材を集め、教育し、ハイエンドのサロンを成功させ、
なおかつ、美容師の豊かな生活環境を実現している。

高福祉国家という国柄で働く人たちの社会保障を充実させつつも
野心を持ってサロンを発展させている事実は本当に驚きだった。
相反するものだと考えられがちな社会福祉と経済成長を
うまくつなぎ合わせており、手本にすべき要素がたくさんあった。

2014年6月

「美容家」
という肩書き

「美容家」といえば、
山野愛子、メイ牛山、佐伯チズくらいしか思い浮かばない。
だからか、美容家とは、美容業というより
"美容道を極める師匠"のようなイメージだ。

そんな中、まだ40代という年齢で、
自らに、美容師ではなく「美容家」と肩書きをつけてしまう。
そんなところがいい。

彼は言う。
　「だって誰かに許可をもらう必要のない肩書きを、
　　自分でつけるのは自由じゃないですか」

そりゃそうだ。
ヘアカット料金は 3 万円。
おそらく日本で一番高いかも?
銀座でサロンをやっている彼は
セルフプロデュースにも長けている。

「ハリウッド美容専門学校」で彼の講演を聞いた。
さすがに 2 時間しゃべれるだけの哲学と志を感じた。

美容業に携わるのは「美容師」で、
美容道を極めるのは「美容家」ということになるか。

単なる技術としてだけでなく、そこに精神性を求める「求道者」。
自らの美容に対する世界観を広めようとする「伝道師」。
美容の可能性や世の中に及ぼす影響を高めようとする「使命感」。
しかも、その使命感を上位に置くから協力者に恵まれる。
自分にしかない才能を研ぎすましていける。
そんな印象だった。

ちなみに、岸井は美容師でも、美容家でもない。
強いて言えば、事業家かな。

2014 年 10 月

究極のM男を
27km地点で見た

あぁ、俺って、ほんとダメな奴。

二度目の100kmマラソン
「チャレンジ富士五湖ウルトラマラソン」に挑戦したものの、
40km地点で早くもギブアップしてしまった。

なんたって、午前4時の気温0度。
昨夜から降り始めた雪はみぞれに変わっている。
夜も明けきらぬ中、スタート会場まで車で向かう途中、
大会中止を淡く期待したけれど、雨天決行だった。

森の中にある陸上競技場のスタート地点は煌々と明かりがともり、
1万人近いランナーのほとんどはコンビニの雨合羽を着ている。

雨対策で、防水と書いてあるウエアを着て臨んだものの、
スタートして1時間で、中までびしょ濡れ状態。
しばらく走っても手はかじかみ、シューズの中はグチョグチョ、
それでも動いてさえいれば、震えるほどではない。

27km地点のエイドステーションで、
おにぎりと温かいみそ汁をいただいた。
テントの下で休憩している人は、みんなガチガチ震えていた。

雨やどりができる屋根のある場所は、どこもランナーで満員御礼。

ひとりの男性が寒さに凍えながらケータイで大声でしゃべっている。
　　「この寒さ、ハンパねー。ダメだ、こんな寒くちゃどうしようもねぇ、
　　　もうダメやめる、リタイアするから」

彼の声に反応しちゃった人、結構いただろうな。

俺も、そのひとり。指先がかじかんで、言うこと聞かない。

でもここじゃ、いくらなんでも早すぎねぇか?

休憩していると、汗と雨に濡れた体はどんどん冷えてくる。

雨の中、意を決して再スタート。

しばらくして、ひとりのランナーが裸足で走っていることに気づいた。

何だったのだ? アレは。

道は雪解けの水で、土砂降りの雨だぞ!?

走りながら、ずっと裸足の理由を考えてみた。

　①シューズを忘れてしまった?

　　（雨合羽は着てるのにシューズを忘れるなんてあるか?）

　②ゲンかつぎか、あるいは何か悪いことをしてミソギのつもりか?

　　（ミソギなら、滝打ちだろう。100kmを裸足とは異常だ）

　③異常なM体質か?

　　（よく考えれば、この雨で100km走ろうなんて奴はみんな異常だ。

　　異常な奴が人のことを異常だなんて言えるか?）

40km付近で、裸足のランナーは先へ行ってしまった。

こっちはコンビニの軒先で座り込み、

ホテルで待っていた連れにケータイで連絡を入れた。

　「もうダメ、この雨と寒さハンパねー、車で迎えに来て」

あぁ、情けない結末。

2015年4月

変人仲間

世界 40 カ国から「変人」と言われて喜ぶ人たちが集まる
「4Deserts」。

昼の気温は 40 度を超える灼熱、
夜中は真冬並みの 5 度まで下がる砂漠。

背中に 10kg の食料と装備を背負って、毎日 40 〜 50km 走る。
夜はテントで寝袋、食料はカップ麺かドライフードだけ。
まさに変態な、7 日間の砂漠マラソンレースだ。

そんなアホなことやっている人たちの半数くらいは、
仕事も遊びも同じ感覚の経営者である。

どちらも順位が出て、競い合うゲーム。
エントリーしちゃったからには、途中リタイアはしたくない。

レースに参加すれば、
どんな景色が見えるのか。
完走できるのか。

途中はどれだけ辛いのか。

何を備えていこう?

そんなふうに妄想するのも楽しい。

ゴールに向かう途中も、トラブルあり、挫折あり、感動あり。

不思議なことに、

それは無理だろうと諦め半分だったことが、

いざ一歩踏み出せば前に進み、

前を行く人を追いかけているうちにゴールへと近づく。

足にマメができても、安全ピンで刺して

水を抜いてテープを貼り直せば平気だし、

痛みと疲労でヘロヘロになっても、

なぜか翌朝、元気に回復している。

心折れては「もうダメ」

そうかと思えば、「いや、まだ大丈夫」
その繰り返し。
一応レースなので、他のランナーと競ってはいるけど、
1週間寝泊まりを共にすると、旅仲間みたいになる。

その日その日で勝ったり負けたりで、
「あそこの登りは、キツかったねー」なんて
カップラーメンにお湯を注ぎながら話す。

こうして迎えた7日目最終日、
やっとの思いでゴールした瞬間、
涙が止まらなくなった。

そしてまた次のレースにエントリーしてしまう。
苦しいけれど楽しいのだ。

2017年10月

心の
　　微妙な
　　　　姿勢の差

結婚の約束をしている彼女は、
沖縄の実家に彼と一緒に行く。

その時に、彼に見せてあげたいものがあるとのこと。

　「それはね、彼に見せてあげたいと言わないで、
　　見てもらいたいと言うのよ」

　「それとね、自分の実家に行く時は、綺麗にして行きなさい。
　　彼の実家に行く時は、できるだけ質素にして行きなさい」

長く通ってくださるお客様に、そうアドバイスされたという。

ん〜、まさに。
「見せてあげる」と
「見てもらいたい」は、
言葉にしてみるとほんのわずかな違いだけど
心の微妙な姿勢の違いは大きいよね。

人の心の機微を分かっている。
素敵なお客様でした。

2018年8月

第 4 章　道 な き 道

試 行 錯 誤 も ま た 、 旅 の 醍 醐 味

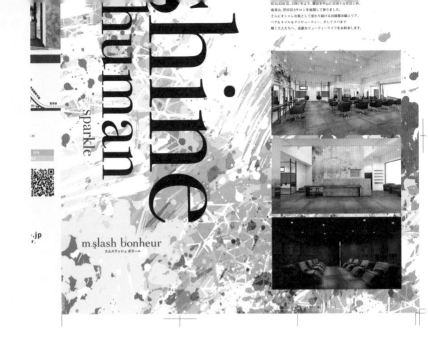

美容室のチラシ

拡大・成長を一番の目的にするところは、ポンポンと出店する。
出店のたび、中途採用者を大量にとって、新規客を集める。

中途採用した美容師はお客様を持っていないので、
無理にでも新規客を集めなければならない。
新規客を集めるためにポスティングして、
折り込みチラシを入れ、街でも配る。

しかし美容師の腕をあげる教育が追いつかなければ、
いつまでもお客様は増えない。
増えないから、またチラシをまく。
そうすれば、確率は低くても新規が増える。

大幅な割引はフリーや新規客だけで、既存客はないがしろ。
リターン率が上がらないから、またチラシを配り、
フリーペーパーの割引広告に頼る。

新規やフリー客で売上をまかなっている店は、
美容師もフリー客をあてにする。
それでは、技術力も対応力も磨かれない。

客数が落ちれば、また割引によってフリー客を増やそうとする。
既存のお客様にとっての価値を作り、
つながりを太くするのは時間がかかるゆえ
手っ取り早い「集客」にばかり、重点が置かれる。

悪循環の始まりは
顧客の流出だけでなく、スタッフの流出も早い。
だから求人広告をやめられない。

新しい店で、集客に力を入れるのは仕方がない。
しかし、いつまでもフリー集客に頼っていては、
安さで勝負するしかない。

安さでは、某ヘアカット専門店に敵いません。

2013年12月

167

後部座席

なぜ、そうするの？
今まで、そうしていたから？
誰かがそう決めたから？
誰も何も言わないから？
みんな、そうしているから？

人は昨日をなぞり、保守性に傾くのが常。
でも、人の好みは変わり
価値観も変わる。

新しかったものは古くなり、
今までは良かったことが、いつしかダメに変わる。
習慣のワナにはまると、それが見えなくなる。

後部座席ばかりに座って
人任せにしちゃダメ。
ハンドルを握らなきゃ。

2014年11月

職人気質

職人とは、
オーダーがあってから初めて腕をまくり、
「任せときっ」て感じで基本的には受け身である。

条件や注文が難しければ難しいほど燃える。
ゴルゴ13みたいな。

いや、ゴルゴ 13 ならマーケティングも営業活動もいらないけれど、
美容師はそうもいかない。

隠れたニーズを探して、満たされていない要望は何で、
どこに顧客創造のチャンスがあるかを考える。

サロンにはすでに気に入ってくれたお客様しか来ないので
気に入ってくれた人の声は聞こえるけど、
そうでない人の声は聞こえない。
潜在顧客のことは見えない。

クレームは「問題」ではなく、「苦いギフト」。
活かしきれない脳みそがもどかしい。

2015 年 1 月

セルフイメージ

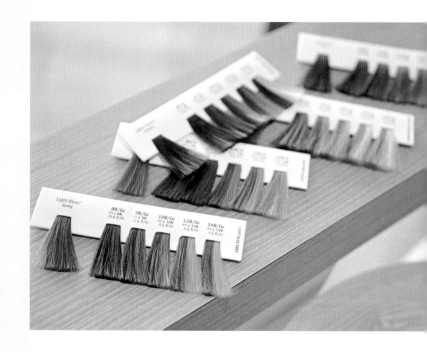

間違いを無様な失敗とみなし、
自分に十分な能力がない証拠だと考えるのは、
つまるところ、セルフイメージが原因 !?
自分のレベルはこのくらいで、

ほとんど変えることはできないと、
固定的に捉えているせいだ。

変化は恐怖であるため、保守的に偏りやすい。
保守的になれば、自らを傷つけないため、成長する機会を逃し続ける。
失敗することが成長の糧とは考えにくいのだ。

失敗は無様なことだから
失敗しそうな課題や挑戦はできるだけ避けようとする。
分からない分野に首を突っ込めば自分の無知をさらけ出すので、
興味があったとしても素通りする。
習慣からは、はみ出さないことが得策と考える。

逆に、
経験とそれなりのエネルギーを注げば
自分のスキルは成長・進化するものと捉えている人は、
間違いから多くの教訓を得られる。
学びの原動力にしてしまう。

だから、未知なる領域には積極的だ。
未知なことは興味の対象となり、
スキルを磨き、進化すれば、新しい景色や発見があるかもしれない。
そんなワクワクから、より積極的に探求を続ける。

才能や持って生まれた性格によって
仕事のパフォーマンスが決まると思われがちだが、
やはりセルフイメージが根本的に起因しているように思える。

2015年6月

こんな言葉が苦手だ

店をまとめる、人をまとめる。
「まとめる」という言葉には
どこか統制とかコントロールするような
ニュアンスがあって好きじゃない。
そもそも、まとめる必要なんかあるのだろうか。

活性化した状態というのは、
分子が動き回って、まとまりのない状態のことで
ぶつかってはじけたり、くっついたり、泣いたり怒ったり、
子供のようにエネルギーに溢れた状態だし、
創造的だ。

逆に「まとまった」状態は大人しく
理性的でお行儀良く、一致団結しているように見えるけど、
責任とルールに支配され、ストレスいっぱい、みたいな。

自由はわがままとされ、
組織の規律が重視される、そんな良い子ばかりの集団。

そこに、創造性は生まれるだろうか。
人の持つ潜在的なパフォーマンスを発揮できるのだろうか。

教育というと、とかく型にはめるような傾向に陥りやすく、
自律型の人間を育てようとした結果、
他律型の人間ばかりになってしまう危険性がある。

好きだからやっている。
面白いからやっている。
純粋にそう言える状態が最高なのだけど、
見栄やプライドが先走ってしまったり、
損得勘定で考えてしまったり、
人の評価が気になったりと右往左往する。

秩序を重んじ、階層的で権威や肩書きが
はびこるような組織が魅力的とは思えない。
第一、「従業員」という言葉が好きではない。

「人を使う」「人に使われる」という言葉も嫌いだ。
使われているから自由がなく、忍従みたいなものだったら
その仕事はつまらないし、

そもそも自分自身が、人に指示、命令されるのが苦手だ。

型にはめられるのも嫌だから、人にもそうしたくない。
心の奥底から湧き出る気持ちに従って生きる。

映画『ハーブ＆ドロシー』のような素敵な生き方にとても揺さぶられる。

2015 年 10 月

今期の成績に猛反省

2015年度の売上、3%ダウン。
経常利益 4.5%。
自分たちの価値を示す、ひとつの指標ではあるが、
つまりは価値が下がったという現実。

今までは、5〜6年にわたる現状維持を、
まぁ仕方ないか、こんな時勢だしと、
数字が伸びないことを適当な言い訳でごまかしていた。

結局のところ、我々の店より他店、
私より他の人をお客様は選んでいる
という現実から目を背けていた。

しかし競争力が落ちたのは、紛れもない事実。
人を成長させられていないという現実。
M.SLASH の価値を高められていないという現実。

変えるべきところを、変えてこなかった。
気づくべきところを、気づかずにいた。
やるべきことを、やらなかったせいだ。

どんな商品も、売れなくなる。
どんな技術も、売れ続けることはない。
どんなサービスも、いずれ劣化する。
どんな仕組みも、機能しなくなる。

社員の安心と社会性を高めれば、
働きがいが高まり発展するものと考えていた。
間違いではないが、不十分であった。

高い職人性は制度では作れないし、
人とは違った創造性は、組織的な秩序とは真反対のところにある。

残業を減らし、労働時間を減らし、有給休暇を増やすと同時に、
時間なんか関係ない、それはそれ、と
ギリギリを攻める姿勢に欠けていた。
安心は大事、でも自由に不安定はワンセット、
縛っているつもりはないが、縛っていた。

ストレスを減らしながら、一方でストレスに慣れさせる。
相反することや、あるようでないような
境界線みたいな部分をつなぎ合わせるのが
経営者の手腕。

経営者として劣化していたことに激しく反省。

2015年12月

「お話があります」

「お話があります」に内心ドキッとして、
人に辞められ困った経験は、嫌というほどしている。

人が辞める原因は様々だが、
ほとんどの場合、
「リーダーであるあなたが信頼するに足りません」
とは、言わない。

「会社に将来性を感じません」
とも、言わない。

表面的な当たり障りのない理由を伝えてくるものだ。

本当にそうなの？
突っ込んでみれば、
実のところ、本人の浅はかな考えによる場合もあるが、
こちら側の問題、経営側に原因があった場合も多く、
何度も悔しい思いをした。

振り返ってみれば、
辞められて困ったことで、
自分自身も更新していったように思う。

2016年2月

どうしちゃったの？
岸井さん

ここ最近、妙に活性化しちゃって、
これまでと真逆のこと言ってない？

「コーチング」だの、「引き出す」だのと豪語していたのに
いきなり圧をかけて畳み込む感じで、
「なぜ、やらない？」「いつやるの？」って急かして。

どうしちゃったの？　岸井さん。

そう、真逆なことをやっている。
それは、今期の成績、会社の決算後。
3％の売上ダウン、経常利益は前年度の半分に落とした。
この数年で業績を伸ばしている元気なよその会社を見て、

どうもこりゃ、俺、錯覚していたかもしれない、
うかつに年を過ごしちゃったかも？
そうした反省があった。

人に任せるのはいいことで、
ひとりで抱え込まず権限委譲すれば
任せた相手の責任感や、やる気につながる。

そりゃそうなのだ。ある一定のところまでは。
でもそれが行きすぎると、
受けた役割をまた次の人に渡し、
それを受けた人はまた別の人に渡し……
という具合に、どんどん無責任体制ができあがる。

「任せて任せず」
松下幸之助さんはうまいことを言ったものだ。
知らず知らずのうちに、
「任せて任せっぱなし」の状態が蔓延していた。

ホームページはサロンの看板広告であるわけだが、
担当者が何人もいて、それぞれが役割を果たしてはいるものの、
売上に結びつける回路がなかった。
任せっぱなしにしたせいだ。
ネット集客というものが大きく変化してきた現実を直視してこなかった。

いやぁ、うかつだった。

2016年2月

普通は危険

今まで頼んでいた印刷会社が破産してしまった。
20年以上の付き合いだったのに。

打つ手を間違えたか、先を読み間違えたか、
あるいは、何もしなかったからか、分からない。

普通に仕事をして、伸びる時代ではない。
新たな価値を生み出すか。
消えてなくなるか。
エスカレーターと同じで、上りか下りしかなく、
現状維持という選択肢はない。

普通は、
周りと一緒で目立たない。
良くも悪くもないから、わざわざ選んでもらえない。
高い評価をもらえないから、安さで勝負するしかない。

だけどラクチンだから、
人は知らず知らずのうちに普通というエリアに安住しようとする。

普通からはずれるのは、本当に危険？
いや、変化の速い今の時世では
普通でいる方が危険だ。

2016年6月

栄枯盛衰は
世の習い？

NYでサロンを経営しているヒロさんと最初に会ったのは2010年だった。
彼は「良い子はいらない、デキる子が欲しい」と言った。

つまり、稼げる人間なら欲しいけど、
人柄が良くても、売上を上げてくれないなら要らない。
そういうドライでシビアな考えだった。

さすが NY やなぁと、その時は感心した。

ヒロさん自身は義理を重んじるタイプでありながら、
そう言わしめた NY の街。

短期的な利益に重きを置き、
コミュニティとしての職場の価値や絆、
つながりといったものは後回しにする。

みんながこぞって勝ち馬に乗ろうとするような感覚と言えば良いか。

稼げる人間が欲しいという経営者には、
稼ぎたいという人が寄ってくる。
しかし結局それは、
もっと稼げるチャンスがあれば、
簡単にその職場を去るということでもある。

だからか、NY のサロンは栄枯盛衰が激しい。

損か得かを第一義とする感覚は、
道徳や義理人情、正義といったものまで
ねじ曲げてしまう危うさを感じる。

2017 年 2 月

「オーナー」という敬称

美容業界の人は、経営者に対して「オーナー」という呼び方をする。
もっと昔は「先生」という呼び方をしていた。
どうも、この呼び方が気になってしょうがない。

オーナーと呼ぶ相手のほとんどは、
個人経営か中小零細企業の経営者で、
なんとなく社会的地位を表す敬称として使われている。

ところが、個人経営、中小企業の7割以上は赤字の会社。

つまり、会社が個人の税金対策上の道具として使われ
利益を上げて税金を払うより、個人的都合を優先させる。
私的なものまで経費にして会社に利益を残さないようにしている。

オーナーという言葉には「所有者」というニュアンスが強いゆえに、
所有者的立場で金銭的に自由にできる、
そんな錯覚を起こしてしまう。

オーナーが経営に携わらない株主であれば問題ないが、
中小零細企業のほとんどは、オーナーであり経営者。

会社＝公の器としての認識が薄いから、ガバナンスなどというものはなく、
30年と持たずにほとんどが消えてなくなる。
それが「オーナー」と呼ぶ相手の実態である。

肩書きで呼ぶと、偉さを勘違いしてしまう、
そんな敬称なんかいらない。

2017年4月

マインドセット

2017年9月に、チリの「アタカマ砂漠」へ行く。
砂漠を7日間かけて250kmを走る「砂漠マラソン」に出るためだ。
「4Deserts」といって世界の4地域で行われる
砂漠レースのひとつである。

南米なんて行ったこともない。
チリには飛行機を2回乗り換える必要があって、
宿泊はどうすればいいのか
英語のインフォメーションにちゃんと対応できるのか
分からないことだらけ。

7日間は、大会側が用意したテントで寝る。
水だけは補給されるが、食料は自分で用意したものだけ。
背中に食料と装備を背負い、
日にだいたい40〜80km先のゴールを目指して
毎朝、8時に一斉スタートする。

昼間の気温は40度、夜は5度近くまで下がる。
初日のスタート地点は、なんと標高3200mの高地。
空気が薄いうえ、背負うザックは11kgほど。
高山病で苦しむ心配もある。
「なぜ、そんなところへわざわざ高い金を払って行くかね?」と聞かれる。
エントリーフィーだけで35万円。
結構な費用を払って、野宿で寝袋、さらには食料持参。

ただの変態です。

でも発見があり、感動がある。

A 地点から目指す B 地点に行くそのプロセスが旅のようで、
「お前にそれができるのか？」
と自分が試される。
まさに極端な非日常は、修行のようでもある。
おかげで、日常に対する感じ方が変わる。

　こんな働き方をしたい、
　こんな環境にしたい、
　こんな性能を持ちたい、
　こんな体験をしたい、
　こんな会社にしたい。

B 地点に行くのは、それを実現すること。

現在地点から目指す地点までのプロセスには、
障害、苦痛、困難が待っている。

B 地点をイメージできない人には、大問題だろう。

しかし B 地点を想像してワクワクする人にとっては、
大きな問題ではない。

ムキムキ筋肉になるには
我慢と筋肉痛がセットになっているように、
有能になるには
冷や汗と寝不足がセットである。

有名になるには、
恥と批判を乗り越えなきゃならない。

金持ちになるには、
リスクも想定内。

何をもって成功とするかの定義は様々だが、
成功する・しないを才能や能力で論じる人は多い。

人生のシナリオを
自分でコントロールできると思うかどうか、
マインドセットの違いで未来は大きく変わる。

できると思える人が一歩を踏み出せる。

それは能力じゃない。
基本的に、能力や性能はたいして変わらない。

マインドセットの違いが、
結局は運や性能も引き寄せるのだ。

2017年5月

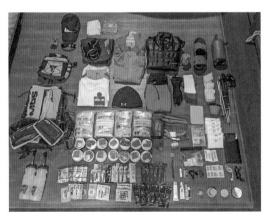

１０時間

→

８時間

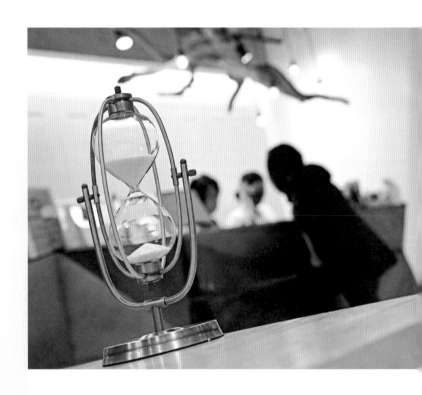

全力で走ってきた時代から、
時間、ゆとりという価値が上位になり始めた。
成長志向より安定志向、競争よりも協調を好む傾向は、
新人教育の現場でも実感する。

人の求めるものが変われば、働き方も変わる。

1ヶ月の有給休暇を作ろうとすると、
12ヶ月で生み出す労働生産性を
11ヶ月でまかなわなければならない。

10時間の仕事を8時間で収めるには、
お客様にあたる時間を減らす、掃除を減らす、ミーティングを減らす、
減らすだけでなく、密度を高め、
サービスの質を落とさず、労働生産性を上げる。

優れた人材を育てようとすれば、
かけた時間と手間に比例するゆえ、
休日の研修や勤務時間外の勉強にあてるケースも多い。

M.SLASHでは研修を就業時間に組み込み始めてはいるものの、
まだまだ先は長く、課題は多い。

働く人には、安心と希望を与え、
お客様に選ばれ、会社を発展させる。
これは、食べたいものを食べて、スッキリと痩せるくらいの難易度だ。

2017年5月

惨　敗

2017 年度版「働きがいのある会社」ランキングの結果には参った。
M.SLASH が、こんなに低いとは。

GPTW から届いた働きがいランキング上位の
会社の平均値と比べての集計結果では、
上位平均を上回るものがひとつもない。

総合評価、つまり総合的に見て
「働きがいのある会社と言える」と答えた人の割合が
上位平均の 83％に対し、M.SLASH は 52％だった。

このランキングは世界 50 ヶ国で実施されているもので、
5000 社がエントリーしている (2017年時点)。

日本では、まだ 320 社と少ないけれど、
毎年、新聞や雑誌などで公表され、注目を集めている。
ブラック企業とは正反対のホワイト企業を示す指標になってきており、
美容業界でのエントリーはウチくらいだが、
ここ最近、参加企業は増えている。

現状を知るという意味では、
シビアに評価されて良かったと思う。

これまで、そうした指標をもとに
ポイントを上げる取り組みはしてこなかったし、
今後、日本でランキング入りを目指すことへの、現在地が知れた。
要は、職場環境を改善する余地がたくさんあるということだ。

詳しく見てみると、
「信用」「公正」という項目での評価が特に低かった。
コミュニケーション不足で、
会社がどこを向いて、どうなろうとしているか、
一人ひとりに意見を求める姿勢など、
主体性を大切にしようとしながらも、
歯車的な扱いになっていたのかもしれない。

働きがいがあるかないかを決めるのは外部の人間ではなく、
そこで働く人たちの正直な声が元になっているから、
かなり信憑性がある。
就職をひかえた学生なども会社を選ぶうえで参考になるだろう。

アメリカでは、働きがいのある会社は成長が期待できるという思惑から
株価のパフォーマンスも平均より高い。

いずれにしても、外部の審査機関から世界同一の物差しで測られ、
そこにランクインできる可能性にチャレンジしたい。
その道のりに、きっと進化・発展があるに違いないから。

2018 年 3 月

社員が会社を
評価する
ということ

「働きがいのある会社」のアンケートで
「安心して働ける環境がある」
という項目のポイントが低かった。
ベストカンパニーの平均値は 62% がイエスであるのに対し、
M.SLASH は 25% のイエスしかなかった。

「安心」という感覚は、非常に主観的かつ微妙なもので、
どれだけ環境が整っていようと、安心できない人もいるわけで……
って、そんなの言い訳か。

目標を持っていて、やるべきこととやりたいことの
重なりが多く充実していれば、
不安が入り込む余地は少ないだろう。

つまり、
迷いのメンタル状況にある人が多いということなのか?
M.SLASH はそんなに悪い環境ではないと思うのは、俺だけ?

バリバリ系か、ほのぼの系かといえば、
M.SLASH はバリバリ寄りだろうとは思うけど……。

もしかして、
周りの人とのつながりや関わりが弱いってことなのか?
縦のつながりでも、横のつながりでも、
相互依存の関係を実感できるなら、
自分の居場所というか、
自分の存在価値を感じられる。

数値が低いってのは、
そうした関係性が薄いということ?

よく分からない。どう理解したらいいんだ。
どうすれば、この数値が上がるんだ?

2018 年 5 月

やや、
違和感を感じ、、、

「働きがいのある会社」ランキングのアンケート項目にある
「この会社で自分らしくいられる」

この質問、年齢の若い人には「はい」と答えるのが難しい。

なぜなら社会人にとっての自分らしさは、
ある程度、仕事の能力とスキルを身につけてからでないと
発揮しづらいからだ。

特にアシスタントの段階は
自ら仕事をコントロールする幅が少ないから
当然、受け身になりやすい。

「自分らしさ」という言葉の意味についても、
年齢が若ければ
ファッションや言葉遣いといった
表面的な部分を捉える人が多いだろう。

タトゥーを自己表現とし、
穴のあいたジーパン、
スニーカーが自分の好みだとすると、
仕事でそれが制限されれば、
自分らしさを会社では表現できない。

であれば、アシスタントの比率が
3分の1を占める年齢構成の若い美容室で、
こうした質問によって
働きがいのある会社かどうかを評価されるのは、
他の会社や業種に比べて不利……と、

弱気な気持ちになりかける。

とはいえ、制限や規制があるから
自分らしくいられないと考えるなら、
いくつになってもそんな制限はなくなりはしない。

信号は守らにゃいかんし、
相手を立てなきゃいけないのは、
年齢がいくつになっても変わらないのだから。

そんな中で自分らしさを発揮できるのは、
できないことより、できることに目を向ける
メンタリティーと行動力を持った人だろう。

だから、
会社がどうこうじゃない。
年齢が若いからじゃない。

どうも質問の主語が「この会社で」となっているのに
やや違和感を感じるが、
文句を言っても始まらない。
すべての会社が同じ質問項目なんだから。

それでもランキングトップ 10 には入りたい。

いや、入るのだ。

2018 年 6 月

減　俸

「M.SLASH ホールディングス」を上場するにあたり
グループ 5 社を100% 子会社化する。
連結決算で、売上は 1 億円伸ばし、
2018 年度は 18 億円を超えた。
スタッフみんなの頑張りのおかげだ。

しかし、経常利益では 25% 落とした。
2 期連続で売上を伸ばしたものの、
2 期連続で経常利益を下げてしまった。

連結した決算では数字をあまり見ていなかった。
売上と給料を上げる方ばかりに集中していた。

経常利益を落としたのは、経営者の責任。
一番高い給料をとっている者が、その責任を負うべきだと考え、
岸井の報酬を 20% 減俸。

これは自分に対する戒めと、他の取締役に対する見せしめ。
業績を落とせばその分の責任を取る。
そのためにもともと高い報酬をとっているのだから。
会社は利益を上げてなんぼの世界だが、
儲かる・儲からないだけじゃない。

利益にはならないが本当は価値がある、
ということがたくさんある。

誰かに親切にするとか、
職場を楽しくするとか、
自慢できる人がいるとか。

つながりや愛着があることで、
バラバラにならずにいられるのだ。

社員の給料を高めて性能を引き上げるのは、取締役の役割。
社員が頑張ってくれているおかげで、メシが食えるのだから。

給料を払ってあげている、
雇ってあげている、
教えてあげている、
そんな感覚の会社は、遅かれ早かれ消えてなくなるだろう。

働きがいを高めつつ、適正な経常利益を上げ
会社の社会的価値を高めるのが、経営者。

取締役には、そうした能力を期待して報酬を支払う。
上場すれば、お金を出してくれた株主の期待にも応える。

それが取締役だ。
良い会社にしていく責任を負う。

大事なお金をタンスに眠らせておくより、

あの会社なら活かしてくれそう。
銀行に預けるよりも良さそう。

こんな会社がもっと世の中に増えれば、
良い世の中になる。

だから一票、お金で投票する。

出資、投資する人の理由は様々だが
最低限は「潰れなさそう」。

その証明が、決算の数字。

良くも悪くも株価に反応する。

これが、取締役の性能でもある。

2018 年 12 月

上機嫌は最上の美徳

「好き」が動機って、何より強いね。
「どうしてもこれだけはやりたい」って動機は強い。
何より、内側から湧き上がる動機にはすごい力がある。

逆に、
「どうせ上から言われたんだろ」みたいな薄っぺらい動機は、
見え透いちゃうし、安っぽい。
ちゃんと内側からの動機があるものに比べたら、力が弱い。
所詮、外側からの働きかけによる動機だからだね。

「有名だからその大学に入りたい」とか「親の期待だから」というのも
外側による動機。
「いい音楽を作りたい」は内側だけど
「有名人になりたい」は外側。
外側に動かされている動機では本当の力は出ないよ。

「お金」も外側なんだよね。
瞬発的なドライブはかかるけど、持続しない。
キリがないし、
パン食い競争の選手みたいに
「お金」というエサがないと走れないっていうのもなんだかね。

本当に豊かな人はお金のために働いてはいない、たぶん。

岸井の動機はやっぱり、「いい会社にしたい」。
M.SLASH は、目指す会社のモデルを見つけられたおかげで
更新を続けられた。
「そんな会社にしたい」
「M.SLASH をモデルにして成長してこられた」
と言われる会社にしたい。

でも、道のりは遠い。
たぶん「徳」が足りてないのだ。

「不機嫌」は周りの迷惑だと分かっている。
「上機嫌」は最高の美徳だと思うが、
たまにしかそうなれない自分は、まだまだだなぁ。

カラシまんじゅうを食べた人だから、
アンコまんじゅうのおいしさが分かるみたいに、
いつでも上機嫌の人を尊敬する。
見習いたい。

たぶん
「カラシまんじゅうを、お前はもっと食べなさい」
ってことかもしれない。

2019年2月

試行錯誤の連続

1990年代、
とある経営コンサルタントに心酔し、ほとんどの著書を読破した。
しまいに彼の会社と契約をして、高いコンサルタント料を払ったけれど、
結果がおもわしくなく、途中解約をした。

2005年、
トータルビューティーサロンでスパを始める時は、
ロサンゼルスまでスパサロンを見に行き、
勧められるまま、500万もするジャグジーバスを買った。
それも2台も。
スパ専用部屋を作ったけれどほとんど利用されず、
結局は取り壊すはめになった。

いくら設備が立派でも、
それだけじゃお客様は、リピートしない。
1000万円以上お金をかけたけど無駄にした。
騙されたわけじゃないけれど、
見えない未来をたぐり寄せるには試してみるしかなかった。

もっと以前は、
36本セットの自己啓発系のカセットテープを
100万円で買ったことがあった。
擦り切れるほど聞いたけど、身になったのかどうかはあやしい。

ジュニアスタイリストを即戦力化するべく、
低料金のジュニアサロンを開いた。
早期育成効果を狙って始めたが、機能せず5年でやめた。

90年代中頃、年中無休の営業から、
火曜日定休にしようと切り替えた。
同時に社会保険も始めた。

人の採用で有利になるだろうと始めたものの、
営業日数が減った分、売上は減り、支出は増え
結局、給料未払いにまでなって、半年でまた年中無休に戻した。

「やはり美容師に社会保険なんか必要ない」
とか訳の分からない理由で社会保険もやめた。

結構、右往左往してきた。
近年は「フロー理論」にかぶれ、
コントロールしないで、ユル〜い感じにしてみた。
社内の雰囲気的にはいいのだが、ジリジリと売上は落ち、
ひどい時は新卒者が1年で4割も辞める事態になった。
リーダーがユルいだけだと締まりがなくなりジリ貧になることも学んだ。

トライアンドエラーは、正しい答え探しのようで、
答えがないと次にも進めるもの。
答えはない方が良いのかも。

2019年3月

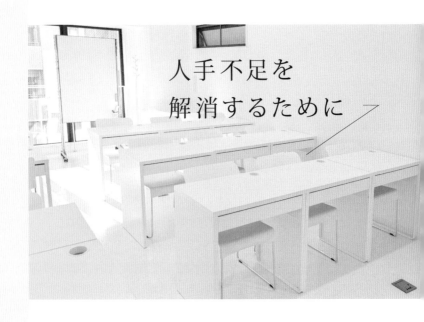

人手不足を
解消するために

美容師法により国家資格となったことで
美容は美容師が独占する仕事になり、
その国家資格が美容業を守る意義を果たしてきた。

しかし近年は
少子化、美容学校の2年制化、
学費の値上がり、世帯収入の伸び悩みによって、
借金（奨学金）を利用する学生が5割近くにのぼり
美容師志望者の減少を加速させている。

定員割れしている美容学校の少ない卒業生を
求めるサロンの求人数は多く
売り手市場の様相だ。

美容学校の卒業生は、化粧品会社、エステなど
美容室以外での就職希望が増加し、
人手不足の問題は美容業界にとって深刻である。

しかしながら、
厚生労働省ホームページの「美容業概要」を見ると、
このように書かれている。

近年の「店舗過剰」、「低価格化」、「客数の減少」は
利益の減少の要因になっており、
特に「客数の減少」については経営者の多くが
経営上の問題の第一としてあげている。

人手不足で採用に困っている、とは書かれていない。
客数の減少、利益の減少が第一の問題であるならば、
そこで働く美容師の社会保険の未加入や、
労働環境、給与水準どころではない。

そもそも「店舗過剰」は、美容師の給与水準が低いために
独立せざるをえない実情が招いた結果でもある。

「低価格化」も利益の減少の要因とされているが、
某ヘアカット専門店の 10 分カットは、
低価格であっても高い生産性を上げ
平均以上の給与を支払い
当然、社会保険にも加入している。

つまり、低価格化が利益の減少を招くのではなく、
経営努力の不足が原因であると言える。

「客数の減少」は、単にお客様に選ばれなくなったことであり、
環境変化に適応し自ら更新していくことでしか会社は存続していけない。

厚生労働省ホームページの美容業概要は、
美容組合を通じた組合員の経営実態を表現しているものと思われる。

全国の美容室の組合加入率は、3割に満たない数値である。
美容事業の成長発展を志す事業経営者とは、経営課題が異なる。

毎年の新卒採用は発展の肝であり、
美容師に選ばれる店、会社であるためには、
労働環境改善、給与水準の引き上げが働きがいを高め、
働く美容師のワークライフバランスの向上が、
魅力ある美容師を育てる基礎となる。

美容師の魅力は店の魅力となり、
会社の魅力となって発展させていける。
従って、採用と育成に力を注ぐ会社では、
美容師の生活水準を含めて発展と考えており
そうした志ある事業者にとっては、
将来懸念される人手不足が、解決したい問題なのだ。

元来、美容通信科の学生は美容室で働きながら、
国家資格を取得可能だったが、
無免許ということで、
お客様の髪をシャンプーすることすらやってはいけないという
法的な規制がかかってしまった。

美容学生であれば無資格であっても

美容室で美容補助業務を行えるよう規制を緩和することで
国家資格取得の費用が抑えられ、技術習得の道も広がり
美容師志望者の道も広がっていくはずだ。

現在、多くのアジア系外国人が
美容学校に入学し免許取得できるにもかかわらず、
日本の美容業界で働くことに規制がかけられている。

この規制を緩和することも、
人手不足の解消と、美容を通じた海外との交流、
美容産業の発展及び経済発展にも寄与するものと考える。

2019年3月

砂上の楼閣ではいけない

創業の頃は
店を開店したからって、すぐに売上が立つわけではなく、
借りたお金から社員の給料を払って、
残るお金が底をつかないうちに、なんとかしなければアウト。

そんなギリギリの状況でも
給料の保証がある社員にとってみれば、
借入の返済は自分ごとではない。

能力と時間を会社に売って給料をとる社員と
明らかな温度差を感じながら
時に、経営者とは
割に合わない職業なんじゃないかと思うこともある。

それでも事業発展の夢を追うには、
こっち側に来てくれる人をなんとしても作らなければ将来はない。
どんなことをしてでも経営は協力者が必要で、
お金よりまず信頼を積まなきゃならない。

悪い時ばかりでもなければ、良い時ばかりでもない。
協力者と思っていた人がサッといなくなったり
思わぬところで心強い人が現れたり。

リスクと責任、成長の楽しみを
共に味わってくれる協力者の存在がいなければ、
砂上の楼閣でしかない。

結局はみんな、信頼できる何か、期待できる何かを求めている。

経営者はそれを作ることが役割なのだと割り切るしかない。
そして意思決定し、判断し、組み立てる。

人、物、お金、情報、時間、自分、
それぞれの材料をどれだけうまく活かせるかが
経営における勝負の分かれ目だ。

2019年4月

第 5 章　片道切符の
　　　　終　着　点

理想の未来地図をデザインする

成功の
代 償

2003年から始めた次回予約を習慣化するなど、
M.SLASHでは、ロイヤルカスタマー
(ひとりのお客様の年間利用回数・利用金額を基準にした優良顧客)
を作る方針で進めてきた。

既存のお客様をネイルやスパの利用に導くなど、
顧客数を増やさなくても年間利用回数が増えれば、
新規客に頼らなくても十分やっていけるし、
その方がお客様との関係もより深く親密なものになる。

しかし、2012年を頭打ちに業績は伸びていなかった。
新規集客に力を入れていなかったせいだ。

新規客比率が4%から5%。
大型のサロンで、その数値は極端に少ないけれど、
新規客の少なさを年間利用額の伸びがカバーしていた。

サロンの顧客数は、
お客様とどれだけ良い関係が築けたとしても、
引っ越しや就職、転職、結婚など
様々な理由から減少するのは致し方ない。

その分を新規客の取り込みでカバーできなければ、
売上は減ってしまう。

このところ伸びているサロンは、
ネットを介しての集客にものすごい力を注いでいた。

M.SLASHは大手クーポン情報サイトの
ネット集客をあなどっていたのだ。

しかし2010年以降、
下手なヘアカタログなんか買う必要ないくらい、
たくさんのヘアスタイルの画像がネットで見られるようになった。

集客しているサロンは、
一般の人が好むようなヘアスタイルを載せ、
素人カメラマン、素人モデルとは思えないほど、
その写真を撮るのに金と時間と労力をかけていた。

それを見たらすぐにネットで予約ができるような仕掛けで、
1ヶ月に100人という単位で新規客を呼び寄せていた。

そのクーポンを見れば、
決して安いわけではないのに。

どうやら今までの M.SLASH のホームページは、
お客様を呼び寄せるというゴールに
回路がつながっていなかったようだ。

載せている画像は
一般消費者向けというより
美容師に目を向けており
新規客を呼ぶための媒体として
機能を果たしていなかった。

クールでかっこ良くまとまってはいるものの、
お客様にアピールするという意志に欠けていた。
それがよく分かった。

そこで M.SLASH は、
ネット予約をできるように更新した。

様々なネット媒体に載せる良いヘアデザインを撮りためた。
カラーリストのページを作り直し、
成人式の画像も更新。

ヘアデザインは、
どのスタイリストが作ったのか分かりやすくした。

サロンイメージよりも
スタイリストとデザインを売ってゆく。

来年の10月までに、
新規を8〜10%に増やす計画だ。

2015年8月

ワークライフバランス

The Story starts here.

Designing the Future.

For an exciting tomorrow.

綺麗な会社、誠実な会社、
いい加減な会社、身勝手な会社……etc.

外から見たその会社のイメージは、
作ろうと努力してできたものと
はからずもできあがるものと様々で、
いずれもそこで働く「人」から匂いを感じ取って
客がイメージを持ったり

あるいは、
店構えや製品、広告、不祥事からと
良くも悪くも「○○な店」「○○な会社」
という印象が作られる。

料金価格も、
そのイメージやレッテルに見合ったものに落ち着く。

安いならまだしも、
高い料金価格設定なら、
それなりの信用、裏付けが必要だし、
オリジナリティがなく、マネっこ商品なら
価格は安くて然るべきだろう。

独自性があって時代の先を行っているとか、
研究開発に対する時間やお金を
とんでもなくかけているとか、
○○賞受賞とか
そうした信用や背景にある物語が伝わってこそ、
高い価格に納得性もファンも生まれる。

例えば、ポルシェがいい例だ。
デザインにも車作りにも一貫した思想を感じるからこそ
高くても乗り継いでいるファンは多い。

一貫性やブレない立ち位置という点で、
我々も会社経営の参考にしている。

時代の流行にはアンテナを張りつつも、独自流を貫く姿勢。
それでいて、高い利益率を出している点はあやかりたい。

M.SLASH は
「トータルビューティー」というカテゴリーで、
そのスタンダードとなろうと進めてきた。

トータルビューティーは
職種が多く総合的であることと、
一つひとつの職種の専門性の追求とが、
ベクトルに相反する面があって難しいというのが大多数の見方だ。

しかし我々は、
各職種の中で飛び抜けたモデルが互いに依存し、混ざり合う中に
トータルビューティーの成功があるはずと信じている。

そこで始めたのが
ヘアスタイリストの月売上を300万にするプロジェクト
「プロジェクト300」である。

これは美容師個人のパフォーマンスの天井を作るのを目的としている。
サロンがチームとして全体のパフォーマンスを引き上げるのは、
本当に難しい。

しかし、それこそが我々の真価を問われるところであり、
M.SLASH が多くのサロンのベンチマークとして
美容業界に影響力を発揮し続けてゆくためにも、
こうした相反する要素を融合させ、モデルになっていきたい。

そのためには、
各職種で年収500万円、
美容師でありながら年収1000万円を超える人材を増やすことが
人が集まる組織に成長するカギでもあるし、
一人当たりの生産性が高いからこそ、
企業内保育などの支援制度も拡充でき、
より働きがいのある会社へと発展させられる。

カラーリストの報酬改定は、
本牧店カラーリスト兼店長の大貫さんより出されたプランで、ほぼ改定。
半年間、一人当たりの生産性や人件費率など結果を見て、
修正・調整すべき点が出たら調整を加えるということで実施に至った。

今後も労働時間の短縮、有給休暇の取得と、
売上生産性のアップは
同時進行で進めていきたい。

ワークライフバランスを改善するには、
様々な業務改善が必要となるだろう。
働きがいを高めることと、業績アップは一致する。
その実例を証明していきたい。

2016年8月

「私」から

「私たち」へ

社員の結婚式当日、
「カテドラル教会」で神父さんがおっしゃった。

　　今日から、あなたたちは「私たち」という社会の一単位になります。
　　それまでは、「私」で考えれば良い、お互い自由な存在だった。
　　社会の最小単位である「私たち」という社会性をおびた人間になる。
　　さなぎから成虫になるように、
　　それは幸福と共に責任を伴うものだ。

印象的な言葉だった。

「私」から「私たち」は、年齢や立場によらない。

私たち美容師は。
私たち学生は。
私たち大人は。
私たち日本人は。
私たち M.SLASH は。

そうした「複数形」枠で考えるようになって、
公共性や社会性を身につけてゆく。
「私」の課題や問題ばかりで頭がいっぱいだったのが、
「私たち」共通の課題問題を捉えられることは
人間として成長するきっかけにもなる。

夫が関係している人に対し、
妻は「いつもお世話になっております」と言う。
子供が教えてもらっている先生に対し、親は同じことを言う。

自分とは直接関係ない相手に対し、「おかげさまで」とも。
「私たち」というくくりで捉える時に言える言葉でもある。

東日本大震災では台湾から200億の義援金が届いた。
集まった理由が
日本から受けた統治時代の恩返しだったことに感動を覚えた。

湾岸戦争の時、トルコ航空が飛行機を飛ばし
200人の日本人をイラクから救い出してくれたのも、
100年前の恩返しだった。

そうした感動のもとは、「私たち」だ。
自分の生まれるずっと前にさかのぼって、
「私たち」と言える感覚は素敵だ。

「私たち」という共同体意識を広げて、
感謝と自信と誇りを持ちたいと思う。

2017年10月

誇り

創業からの理念でもある
「誇りを持つ」
という価値について考えてみた。

立派な仕事をする、と
立派な会社に入る、は
どうも違う。

一流とされる場所で働き、
一流とされる道具を使い、
一流とされるモノに囲まれる生活や仕事は
誇れることかもしれないが
どうも本質ではないような気がする。

「誇り」という言葉を英語にすると
「プライド」にあたるのだろうけれども、
そこには虚栄心の成分も含まれる感じがする。

一方で日本語の「矜持」という言葉は、

自分自身の姿勢、行動、気構えにポイントが置かれている。

日本古来からの価値観でもある
「恥の文化」を土台とした行動規範とでも言おうか。

「おてんとう様に恥ずかしくないように」とか
「他人様に後ろ指さされないような」とか。

義、公を重んじ正々堂々とするニュアンスが
「矜持」という言葉には感じられる。

そんな普遍的で本質的な意味で
「誇り」
を求めていきたい。

2018年1月

経営判断

本牧店のサロンに併設したカフェを閉鎖する。

2005年の本牧オープンより13年間、
営業を続けてきたが、月の赤字が30万円、
年間360万円の出血をしながら続けるのは適切ではないと判断した。

我々に力があれば、
黒字にして続けられたかもしれないが、
株式会社エボの前期の経常利益が120万円。

売上は年間2億8千万円にもかかわらず、
わずかな経常利益しか出せないのは、
経営陣の力不足と言わざるをえない。

カフェを閉めれば、働いているスタッフはどうなる？
本牧店のイメージ悪化になるかもしれない。
過去に月100万売り上げたこともあるのだから、
「過去の栄光再び」という期待を閉ざして良いものか
など、閉めたくない理由は数々あれど、
赤字は放置すべきではないと、
本牧店の改装を機に閉鎖を決断した。

代わりに
「アンブル（ドッグトリミングサロン）」が伸びていることから、
カフェの半分をアンブルの店舗に拡張し、
残りの半分は、ネイルハンドのスペースとして
2階から1階に移動させる。

そして、3階にあるヘアの8席は、2階に移動。

空いた3階の30坪のスペースは、
企業内託児保育事業としてスタートさせる計画だ。

13年間ほぼ、改装をせずに営業を続けた本牧店が、
新たなリニューアルをかけて、巻き直しを図る。

2022年、
株式上場時には、時価総額を最低でも30億円にはしたい。

M.SLASH全体の実績を逆算すると、
2021年の売上は26億円、経常利益で1億6千万円
2020年は　　　23億円、経常利益　1億4千万円
2019年は　　　20億円、経常利益　1億1千万円
というわけで、
今期19年度だけでも売上前年比で、
111%伸ばさないとならない。

経常利益では、グループ全体で
7800万円だったものを140%伸ばす計画。
これは、結構なハードルだ。

今までは、
売上を伸ばせば、経常利益は多少犠牲にしても
仕方ないという甘い見方だった。

しかし一般投資家から見た上場基準での信用性は、
経常利益がちゃんと伸びを示しているか、
会社はお金を上手に活かせているか？
人をうまく活かせているのか？

そこに応えていかなければならない。

2018 年 10 月

だから

業務委託とは

逆を行く

美容師になろうとする人たちが減ってきている。

せっかく美容師免許を取得して働いても、
　「拘束時間が長い」
　「給料が安い」
などの理由で転職してしまうケースも少なくない。

だから改善しよう。
長い時間働かせなくても済むよう、
1日平均9時間（休憩時間含む）に。
生産性を上げて、年間104日を休日にしよう。

年間有給休暇20日、
プラス祝日で最大134日を休むこともできる。

美容業界を率先して、一般社会の平均以上の給料を出す。
ケチくさくない気前の良い会社になるには、
時間とお金に徹底してこだわってこそだから。

でも、そうやって自分たちの能力を証明するのが仕事ってものだ。
業務委託のサロンは社会保険の負担がなく、
労働基準法の責任からも逃れるには都合の良い経営スタイルだが、
目先の損得勘定での経営は決して長続きはしない。

社会的な意義や価値に根ざした経営でこそ、社会から必要とされる。

だから我々は、業務委託とは逆を行く。

2018年12月

バージョンアップ

2018年12月は、
それぞれが自己記録を更新続出で、
すばらしい終わり方だった。

休みを返上して頑張ってくれた人も多く、
感謝しかない。

前期(2018年9月決算)のM.SLASHは、
18億円を超える売上を記録。

2期連続の伸びは、
みんなが力を発揮してくれたおかげだ。

しかし、
全社合わせての経常利益は7700万円で、
前の年に比べて3500万円減。

利益率でいうと、
5%以下に落とした結果となった。
去年は30周年パーティで
大きな出費があったこと、

4月からジュニアスタイリストの給料を
年次昇給に変えたこと、
たまプラーザ出店により出費がかさんだこと、
藤沢店が思うように伸びなかったことなどが
利益を押し下げた要因だろう。

5％の利益といえば、
1万円のうちわずか500円。
税金で200円を持っていかれるため、
現金は300円しか残らない。

そこから銀行に返済すると、なんとマイナス。
5％の利益では
現金（キャッシュフロー）は、実は赤なのだ。

だから、せめて7％は利益を出さないとまずいわけで、
理想は10％である。

しかし、成長のための先行投資を
ケチるわけにはいかない。

頑張ってくれた人には、お酒もご馳走したい。
給料も上げていきたい。
そうしたもろもろを合わせて発展させたい。

今回、利益を落としたのは、
岸井はじめ取締役の性能のせい。
責任は岸井が負うところ。

そこで今年は、
「M.SLASH ホールディングス」の代表取締役に
佐久間に代わって岸井が就任する。

株式会社エボ、
株式会社エムコラボレート、
株式会社 CLEF、
株式会社 VINGT、
株式会社 MDF (2020年 M.SLASH ホールディングスに統合)、
株式会社 MIC
は 100% 子会社となり、
「M.SLASH ホールディングス」は
親会社という形に組み変わる。

この組み替えは、株式上場に向けたものだ。
ガバナンス(企業統治)が適切だという、
言わば表向きの変更である。
それぞれの会社で代表者が変わるわけではない。

ただし、上場に向けては
代表者と取締役の中身(性能)が足りてない。
それが、売上増・収入減という結果につながった。

今年は、更新 (バージョンアップ)の年にしていく。

2018年12月

誇 り 2

フランスで親から引き継いだぶどう畑を営む農夫のところに
ワインのバイヤーが「畑を買い取りたい」と交渉に来たという。

経済的に豊かではないその農夫にとって、
提示された金額は途方もない金額だった。

しかし農夫は、どんなにお金を積まれても売らなかった。
お金は使ってしまえばなくなるが、
ぶどう畑は子供や孫の代まで
その先もずっと実りを生む大切なものだったからだ。

私たちにとって「誇り」は
豊かな作物を生み出すそんな土壌である。

　「誇り」は
　信用を生み
　つながりを生み
　創意工夫を生み
　正しい道へと導く。

私たちの考える「誇り」の中には
「愛着」という成分がかなり含まれていて、
組織・社会に対しての自分のあり方や向き合い方に
「主体性」というカタチで現れてくる。

他がそうしてるからそうする、
他の店がそうだからウチもする。

あなたがそうなら私もと、
「追従」はある意味、ラクだ。

そうする理由を外に置いているわけだから、
確かに世の中のスタンダードになってしまえば
無視するわけにはいかない。

ウチはウチ、よそはよそと、
その理由を問われた時に説明できる言葉を持たなければ、
つい流されて、追従を選んでしまいやすい。

　　なぜ私たちは、そうするのか。
　　なぜ私たちは、そうしないのか。

判断の基軸となるものが私たちの一番大切な価値であり
「誇り」という理念である。

「誇り」は
使いものにならなくなった古い習慣や
常識を捨てる勇気を与え、周りに流されることなく、
私たちらしさを追求する、未来を作る土台だ。

私たちは、

　誇りを持って障害者雇用を積極的に推進します。

　キャッシュレスを推進し、美容師の労働環境改善に取り組みます。

　働きやすさと働きがいを両立する職場を実現します。

　「働きがいのある会社」日本のベスト 10 入りを目指します。

　コンプライアンスを重視し、社会性を追求することで、
　多くの人に応援をいただける会社を目指します。

人の気持ちを明るく前向きに感染させる人
(インフルエンサー) を育成します。

目の前の壁に情熱を持って挑もうとする人を増やします。

美容の価値を高め、美容業の発展に貢献します。

そして、
トータルビューティーサロンとして日本を代表する存在になります。

2018 年 12 月

三方良し

会社の定例会や月例会、各種ミーティング、パーティなどを
スタッフの勤務時間外や休日にやっていたりする件。

それらを就業時間内、
土・日・祝日などのスタッフが揃いやすい日に行う。
これが改善提案で上がってきた。

勤務時間＝拘束時間（労働時間）
勤務時間外＝自由時間
という考えからすれば、
勤務時間外は自由であるはずなのに、
出席するのが当然のように扱われる。

勤務時間外でやるのだから強制ではない、
としながらも、ほぼ強制。
勤務時間内であれば、
不満もなく仕事の一環として出席できる。
その通りで、
勤務時間内に行えることが理想である。

定例会、勉強会と称する時間外の研修は
美容業界独特の慣習で、
一般の企業、特に一流企業であれば、
研修やミーティング、社内行事は、
ほぼ就業時間に行っている。

営業後、先輩が後輩に教えている
技術トレーニングなども
残業代は出ていない。

自主的な勉強とするか、
労働とするかがグレーな面もあり、
教えてもらっているから
先輩には協力しなくちゃみたいなところで
成立してしまっているのが現実だ。

本来なら残業代として支払われてもよいもの、
就業時間内で教育訓練がまかなわれていてよいものが
そうではない。

要因は、美容業の一人当たり売上生産性の低さにある。
生産性の低さを、
長時間営業(労働)でやりくりしてきた。
産休保障もなく、
年間有給休暇も少なく、
法定最低賃金ギリギリの給与水準で。
いまだに社会保険もないのが美容業界全般の現状である。

M.SLASHはこの4〜5年で
有給休暇を世間一般並みの、年最大20日に延長した。

営業時間短縮、早番・遅番シフト、
ジュニアスタイリストのモデルさん入客を
営業時間内にするなどで、
勤務時間を1割近く減らしてきた。

そうしてお休みを増やしながらも、
一人当たりの生産性は平均で
月60万円をクリアできるまでになった。

2019 年 4 月より、

入社 2 年目から 21 万円

　　　3 年目は 22 万円

　　　4 年目は 23 万円

　　　5 年目は 24 万円

　　　6 年目は 25 万円

の最低保障給を試験的に実施。

短い時間で生産性を高めたことによってできるチャレンジだ。

要は、お休みを多くしても
ひとり平均 60 万円をクリアすれば問題ない。

お給料を高く、会社も潤い、お客様にも喜ばれる
「三方良し」を実現すればいいのだ。

今後は、
研修、ミーティング、定例会、パーティ、運動会なども
就業時間内に行うよう変えていく。

美容業界の待遇改善をリードするために進めていく。

2019 年 1 月

時短と
収入アップの両立

タイムカードをペーパーレスにするのも、働き方改革の一環。

美容師の労働環境の改善というと、
あまりにザックリして身近に感じられないかもしれないけど、
1日の労働時間を平均9時間内に入れることが、第一目標。

土日11時間でも良い。
その代わり他の曜日で調整して、平均9時間。
この9時間には、休憩時間が含まれている。

変な話だけど、
まともに1時間の休憩をとって、
売上と収入が共に下がっても良いなら簡単だが、
収入を高めて労働時間を削るのが目的なのだから
休憩がとれればOKという話ではない。
早上がりできたからOKということでもない。

美容師特有の手空き時間を削り、
お客様を担当している時の密度を上げる。
これをダブルで取り組まなければならない。

それに、夜の掃除やメンテナンスを、
いかに少人数で短時間でやるかの改良が必要だ。

お掃除専門の人を入れるのも、そのひとつ。
すでに掃除の人が入っている店は
掃除の優先順位を改めて見直し、
美容師が行う夜の掃除を省いていく。

みんな、長時間働きたいというより、
自分の目標に近づくための手段として、
長い時間働いているのが実情だろう。
その自由を制限するつもりはない。
ただ、長い時間働くなら拘束時間外でやってほしい。

コミュニケーションは、できるだけ労働時間内に取り
どうしても必要なら拘束時間外にする。
それが拘束時間かそうでないか、その境目を明確にする。
ある意味ドライな感じになるかもしれないけれど、
これが改革である。

労働時間は国が制限をかけており、法整備もされている。
国民の豊かさを実現する手段として
ワークライフバランスを適切にする目的だ。

企業が従業員に長時間労働を課しているような
ブラック企業を減らすためでもある。

美容師として実際に働いている人の多くは好きで続けているため
ブラックな業界という感覚があまりない。
だけど、15歳の子が5年後に見る美容業界が
長時間労働・低収入では職業選択で敬遠したくもなる。

未来の美容業界のためにも、
時短と収入アップを両立させるのが我々の役目。
それが働き方の改革につながると考えている。

2019年2月

「お客様は神様です」
と言ったのは
50年も前の話

過去に作った制度やルールは、常に劣化する。
M.SLASHが、上場した後も旬な会社であり続けるには、
改良、改革し続ける「風土」が何よりも大事。
更新し続けない会社に未来はない。

その日、その月、いくら売り上げたかの成果を報酬に連動させる方法は
シンプルで分かりやすく、短期的なモチベーションになる反面、
風土を作るための改良や、人材育成はおろそかになりやすい。

一方で、成果に連動しない固定報酬は、
突然の病気やトラブルがあっても安心というメリットと、
成果にコミットしなくても済むことからゆるみ、たるみが生じやすい。

報酬のあり方ひとつとっても、どれがベストというものはなく、
試し続けるしかないのだ。

例えば早朝料金や早朝出勤手当にしても、
20年前に作ったものが、そのままだった。
早朝5時30分来店のヘアセット予約を8000円で受けていた。

4時間も早く出勤して、20分で終わり、
早朝出勤手当は出しても夕方4時間分を早上がりしたとしたら
その4時間、いくら売り上げられたか?

「お客様は神様です」
と言ったのは50年も前の話。
今から見れば奴隷のような労働環境が当たり前だった頃のこと。

働きがいのある労働環境とは、いったいどんなものなのか。
過去を当たり前とせず、尊敬される会社のあり方とは?

見直し、改良すべきことは、どんどん更新していくつもりだ。

2019年2月

攻めの投資

23歳で、最低23万円の給料。
25歳で、最低25万円の給料。

これが実現すれば、
美容業界ではおそらく最高水準のレベルになるだろう。
それでもやっと、一般企業と同等レベルだ。

労働時間で見れば、美容業界はまだまだ長時間労働である。
つまり、まだまだ生産性が低いということ。

人手不足の現状は、人材を選べない。
できれば業界水準を引き上げてくれるような人材が欲しい。

生産性が低いから待遇を良くできない。
これでは、どうどう巡り。
ニワトリが先か卵が先かという話。

業界トップ水準の待遇を実現できるから、
それなりの人材を選べる。
それなりの人材が多いから、生産性が高い。
ゆえに業界トップ水準の待遇を実現できる。
この好循環を実現したい。

だから、会社は攻めの投資をしよう。
人に投資をしよう。

会社はサロンの信用度を高めるのに、
一定期間でお店の改装をする。
あるいは、移転拡張などして投資をする。
改装はン千万単位。

30周年のパーティも、
1000万円近いお金をかけた投資だ。

店舗の出店もそうだが、
銀行からお金を借りて、
毎月返済しながらも先行投資をする。
それが利益につながるかは、
やってみなければ分からない。
バクチみたいなものである。

人への投資もそのひとつ。

そうやって先行投資に打って出るからこそ、未来が拓けてゆく。
先行投資をやらなければ小銭は蓄えられるかもしれない。
だけど成長発展は難しい。

ひとりの美容師だって洋服に金をかける。
モデルにも撮影にも金をかける。
研修や講習に金と時間を費やす。
本を読み、旅行に出かけ、見聞を広める。
自分に投資できる人が、
美容師として自分の価値を高めて貢献する。

会社も個人もこの点は同じ。
守り中心では「ぶら下がり派」になる。

他国にぶら下がる日本の防衛みたいに、
国にぶら下がる未納税者のように、
社会にぶら下がる会社のように、
家族や親戚にぶら下がるニートのように。
そうはなりたくない。

会社は社会を支える側、
業界をリードできる側でありたい。
だからこそ、自分の時間とお金を使い、
未来に役立てようと投資をする人が欲しい。

会社に依存せず、
自分の支持者、
協力者を作ろうとする人。
誰かのために労を惜しまない人。

未来志向で探究心旺盛で、チャレンジ精神旺盛な人。
いつも機嫌が良く、人の心を明るくする人。
目標達成意欲が強く、影響力の輪を広げようとする人。
他人事とせず、自分ごとのように関わり問題解決に導く人。

こんな人材が多くいるからこそ
愛着が生まれ、
人が育ち、
生産性が上がり、
休日を増やし、
給料を高め、
働きがいのある会社を実現できる。

2019 年 4 月

子供は
自分に
レッテルを
貼らない

子供はすぐ一輪車に乗れるのに、
なぜ大人はなかなか乗れないのか。

「怖い、危ない」が先立ち、
「自分には無理」と頭で考えるから?

「面白そう、楽しそう」より
「自分にはできる・できない」
のレッテルを貼ってしまうせい?
私は運動オンチとか、頭が良いとか、
歌が下手とか、手先が器用とか。

子供は自分にレッテルを貼らない。
常識がなくて、
純粋な好奇心や興味が勝る。

そう、
大人の可能性を邪魔するのはいつだって常識なのだ。

労働時間を減らせば生産性が落ちる、という常識。

営業日数を減らせば売上が落ちる、という常識。

休暇を増やせば人件費率が上がる、という常識。

コストを下げれば品質が落ちる、という常識。

給料を上げれば人件費率が上がる、という常識。

美容師が一般職並みの年間休日134日なんてムリ、という常識。

美容師は労働時間が長い、という常識。

料金を上げれば客数が減る、という常識。

それらの常識を否定してみたり、
疑問を持ったりするからこそ革新が起きる。

2004年に
　「次回の予約を取って、先の予約を埋めようよ」
　と取り組んだ。

　「1年後、次回予約率50％目標！」
　誰も反応してくれなかった。

「お客様は次の予約なんか取りたがりません」と言う。

「だって、歯医者さんは次回の予約を入れさせられるよ」
「なんで、美容室は無理なの」
「お客様を決めつけてない?」
すったもんだしたあげく、
80%のお客様は次の予約を入れて帰るようになった。

美容室で100%キャッシュレス会計は無理?
そんなことないでしょ。

あと20年経ったら、
「美容師は昔、よくあんな長い時間働いていたよね」
って言うようになるだろう。

いや、そうしていかないとならない。

2019年6月

成長の コスト

最近はゴリゴリ、
でもってギトギト。

3年後の株式上場までに
間に合わせなきゃならないことが多くて。
　「管理は苦手だ」
とか言い訳をしている場合ではない。

自由より安心がいいという人は、
管理がそんなに苦にならないのかもしれないが、
どうも後ろ向きのイメージがあって、
時間とコストがかかるわりに、
成長発展には結びつかない感じ。

でも、そんなことは言っていられない。
株式上場をクリアするには
監査法人の言う条件を満たさなきゃならない。

在庫管理、労務管理、財務管理。

一般投資家が投資してくれるレベルの基準を満たしていると
監査法人が証明するわけだから、
お客様に支持されるのは当然。
利益をしっかり出すのも、働きがいも、コンプライアンスも、
不正や間違いが起きないような仕組み・ルール作りも当然。
いろいろと脱皮しなきゃならない。

つまりは、成長のコストなのだ。

地方大会レベルとオリンピックレベルとでは
練習量もお金のかけ方も全然違うのと同じ。

どれだけのコストがかかったとしても、という覚悟の問題と言える。

実のところ、更新が嫌いな人間は意外と多いのではなかろうか。
なぜなら、習慣に従う方がラクだから。

でも、高い目標や難しいことに挑戦すると決めたら、
今まで通りってわけにはいかない。

それが、更新。

だから更新せざるをえない状況にしてしまうことが、
結果的に発展につながるのだ。

2019年10月

経営者の覚悟

医療従事者は、
それこそ命を張って働き、患者の命を守っている。

スーパーや食料品を扱う人たちが働くおかげで、
私たちの生活が成り立っている。

誰かが他の誰かを支え、私たちの生活が守られている。

そして美容師は、
人々が衛生的で健康的な生活をするうえで
必要欠かざる役割を持っている。

つまり、
誰かの生活を支えるインフラに準じる仕事である。

社員が会社を支え、非常時には会社が社員を支える。

誰かが支え、誰かに支えられる、
おかげ様の関係で「世の中」が成り立っている。

国に税金を払い、国政を支え、
我々が支払うものより多くを受け取っていたら、
国の財政は借金まみれになる。

しかし、
人は支える側よりも、守ってもらえる弱者の立場でいたいものだ。

「弱者救済」はとても耳障りが良い。
政治家たちが好んで使うフレーズである。

　「皆さんが悪いんじゃありません、政治が悪いんです」

官僚や役人がコントロールするのに、都合の良い甘い言葉。

守ってもらえるのは誰しもありがたいから。
こうして政治は、自助を棚上げし、公助に依存させようとする。

では、進んで支える側になろうとしなかったら、どうなるか。

国の財政は破綻し
会社はお金が回らず倒産する。

我々の役割は、お客様と一緒になって
不安や心配を増幅させることではない。

予防対策はしっかりやったうえで、
来店されるお客様の気持ちを晴れやかにしてあげること。

もしも来店されるお客様で陽性の患者が出た場合
もしもスタッフで陽性が出た場合
その店舗は2週間の休業をする。

そうした覚悟で、
美容業の役割を果たしていきたい。

2020年6月

2015年、
初めて砂漠250kmマラソン7日間レース(サハラ)に出た時のことです。

大会のひと月前に膝の痛みで、
まったく走れなくなりました。

制限時間に引っかかれば、途中で足切りされる可能性もあるが、
走ることは諦めて歩くしかない。
痛み止めのロキソニン錠剤をたっぷり持って、
それと医者にもらったロキソニンテープでなんとか凌ぐしかない。

装備や食料はグラム単位で重さを計って軽くしたものの、
それでも11kgを超えました。
しかも、サハラ砂漠の砂はとても粒子が細かく、
シューズの中に容赦なく入ってきます。
用意したシューズカバーは壊れ、
足の指10本のうち半分くらいマメができました。
マメは溜まった水を針で刺して抜き、
その上にテーピングをすればなんとか歩けると分かったが、
いちいち針で水抜きする余裕はありません。
あとで見ると、足の指の爪がプカプカと浮いていました。

さらに、フカフカの砂の上を一日中歩いたため、
足だけでなく、背中、腰、肩、そこらじゅうが痛い。
背中のザックに詰めたドライフードは
暑さと疲労で身体が受けつけなくなり、
粉末のココアや味噌汁がご馳走でした。

このように、前に進むことにトラブルや困難はつきもの。
すべて事前に準備できるものでもなく、
身をもって体験して分かることばかりです。

同じテントの仲間とは互いの装備を融通し、助け合いました。
そうして4日目の終わり、
「もう、足の痛みが限界、明日は無理、俺はリタイアする」
と一度は諦めました。

しかし「今、決める必要はない、明日の朝になって決めたらいい」
と仲間になだめられ、サハラはどうにかゴールすることができました。

周りに仲間がいることで、支えられたわけです。
限界は、意外と限界ではなかった。
砂漠は自分で好きこのんで行っているというのもあるけれど、
チャレンジしようとしまいと、人生に困難はなくならないのです。

あれから約5年後の2020年4月6日。
新型コロナウイルスの感染者が都内で連日100人を超え、
底知れない不安が世の中を覆いつくしていました。

M.SLASHでも、
国から休業要請が出た場合の対応をどうするか、
店としての方針を決めておく必要がある。
そこで、早朝から取締役に緊急招集をかけて集まってもらいました。

休業要請を受けてから休業に踏み切るか、
それとも緊急事態宣言の前に休業の決定を下すか。
休むとすればいつまでか。
しかし美容業は休業要請指定には入っていない。
休業による売上損失はどれほどになるだろう。
社員の安心と健康を守る会社の責任は？
議論の末、4月8日からの2週間の全店休業を決定しました。

ただし、「緊急事態宣言を受けて」という表現はしたくありませんでした。

自主的に感染拡大を防ぐ目的で、社会的立場として、
お客様にご協力を願うカタチで告知をしたのです。

政府の緊急事態宣言が出る前に、
しかも美容業は休業要請指定業種に入っておらず、
生活に必要な業種だと言われているのに休業するなんて、
何を考えているのか、との批判も受けました。

賛同してくださるお客様の声も多くいただきました。
こうした大変な事態は、社員やお客様からの信頼に値するかどうか、
改めて問われる機会となったのです。

つらく苦しいことは避けたいのが人情だけれども、
頼ってくれる人がいると身を正される。
頼れる人がいてくれて、支えられる。

あの坂の向こう側にどんな景色が見えるだろう？
想像を膨らませると、確かめてみたくなる。

先が見通せる平坦な道も良いけれど、
空に消える道や海に消える道が私は大好きなのです。

「旅は道連れ、世は情け」と昔の人は言いました。
合理性や効率性だけでは測れない。
順位や結果ばかりでもない。
出会いも別れも、勝った負けたも、近道も寄り道も。
すべて、旅の一部。

みなさん、良い旅を続けてください。

最後まで読んでいただき、ありがとうございました。

岸井貞志

岸井 貞志 きしい ていし

株式会社 M.SLASH HD 代表取締役。山形県出身。マックス美容専門学校（通信科）卒業。定時制高校と美容学校通信科に同時に就学。数店舗を経て 21 歳で面貸しの完全歩合制システムのサロンに勤務。

1 年で売上トップのスタイリストになる。店長を 2 年間務めた後に 27 歳で独立。1988 年に横浜で M.SLASH をオープン。2015 年には M.SLASH ホールディングスを設立し、現在は横浜を拠点に東京・自由が丘や青山を含め 14 店舗を展開。ヘアを中心にネイルやスパ、ヨガスタジオ、フォトスタジオ、ドッグトリミングサロンなど、トータルビューティーサロンのスタンダードを確立し、2022 年の株式上場を目指している。

Staff Credit

編　　集	ヨダヒロコ
写　　真	瀬尾 直道
装丁デザイン	吉房 アコ

旅するように生きてみよう
美容業界の開拓者が社員に語った 未来地図の歩き方

2021年2月18日　第1刷発行

著　者　　　岸井　貞志
発行人　　　久保田貴幸

発行元　　　株式会社 幻冬舎メディアコンサルティング
　　　　　　〒151-0051　東京都渋谷区千駄ヶ谷4-9-7
　　　　　　電話　03-5411-6440（編集）

発売元　　　株式会社 幻冬舎
　　　　　　〒151-0051　東京都渋谷区千駄ヶ谷4-9-7
　　　　　　電話　03-5411-6222（営業）

印刷・製本　シナジーコミュニケーションズ株式会社
装　丁　　　吉房　アコ

検印廃止
©TEISHI KISHII, GENTOSHA MEDIA CONSULTING 2021
Printed in Japan
ISBN 978-4-344-93201-2 C0034
幻冬舎メディアコンサルティングHP
http://www.gentosha-mc.com/